# First Romanian Reader for beginners, Volume 2

Drakula Arefu

# First Romanian Reader for beginners
## Volume 2
bilingual for speakers of English
Level A2

LANGUAGE
PRACTICE
PUBLISHING

First Romanian Reader for Beginners, Volume 2
by Drakula Arefu


Graphics: Audiolego Design
Images: Canstockphoto

Audio tracks: www.lppbooks.com/Romanian/FirstRomanianReaderV2_audio/En/
www.lppbooks.com
www.audiolego.de
www.audiolego.com

# Table of contents

# 1

## Motanul bolnav
### *The sick cat*

## A

### Vocabular
*Words*

1. a (+verb), la - to
2. a (se) mişca - move
3. a deţine, propriul/propria - own
4. a fi fericit/ă - be glad
5. a fost/era - was
6. a fugi, a alerga - run
7. a mânca - eat
8. a pleca - leave
9. a privi, a se uita - look
10. a se juca - play
11. a se ridica - get up
12. a vedea, a înţelege, a-şi da seama - see
13. a veni - come
14. absolut, complet, perfect - absolutely
15. acasă - home
16. acolo - there
17. acum - now
18. adevăr - truth
19. afară - out
20. ah - ooh
21. aici - here
22. al, a, ai, ale lui/ei - its
23. alt, altă - other
24. animal de casă/companie - pet
25. aproape - almost
26. ar (+verb) - would
27. ar trebui - should
28. are (sau verb auxiliar) - has
29. articol hotărât - the
30. a-şi aminti - remember
31. astăzi - today
32. atunci - then
33. bine - well
34. bolnav/ă - sick
35. bucătărie - kitchen
36. bucuros/bucuroasă - glad

37. că, acel/acea - that
38. când - when
39. câteodată, uneori - sometimes
40. ce - what
41. cel mai interesant - most interesting
42. cerut, necesar - required
43. chiar aici - right here
44. ciudat - strange
45. clar - clear
46. cu - with
47. cumpără - buys
48. cuşcă - cage
49. dă telefon - phones
50. dar - but
51. de aproape - closely
52. de ce - why
53. deci - so
54. desigur - of course
55. din nefericire, cu tristeţe - sadly
56. din nou - again
57. din, de la - from
58. doar, abia, numai - just, only
59. doi/două - two
60. ei - them
61. el/ea (neutru, [-uman]) - he, it
62. este - is
63. eu - I
64. eu sunt - I'm
65. eu voi (+verb) - I'll
66. face - does
67. fără - without
68. fericit - happy
69. foarte - very
70. în - in
71. în faţa - in front of
72. îngrijorare, griji, a se îngrijora - worry
73. interesant - interesting
74. întreg/întreagă, tot/toată - whole
75. jos - down
76. jucării - toys
77. la - at
78. loc - place
79. luând - taking
80. magazin - shop
81. mai târziu - later
82. mare - big
83. mic/mică, puţin - little
84. mult - a lot
85. nu - no, not; nu (+verb) - don't
86. nu este - isn't
87. nu face - doesn't
88. nu îţi face griji - don't worry
89. o/un - a
90. pisică - cat
91. poate - maybe
92. presupune - supposes
93. priveşte - (is) watching
94. privire, a privi îndelung, a se uita - gaze
95. proprietar - owner
96. răspunsuri - answers
97. respiră - (is) breathing
98. s-a întâmplat - happened
99. sănătos - healthy
100. săptămână - week
101. se duce - goes
102. seară - evening
103. şi, de asemenea - and, also
104. şoarece - mouse
105. şobolani, rozătoare - rats
106. somn, a dormi - sleep
107. spune - (is) telling, says
108. stă întins/ă, zace - (is) lying
109. sunt - are
110. supărat - upset
111. surprins/ă, mirat/ă - surprised
112. tot/toată/toţi/toate - everything, all
113. tu, voi - you
114. unul - one
115. vaccinuri - vaccinations
116. vânzător - salesman
117. verb auxiliar de viitor, voinţă - will
118. zi - day

# B

## Motanul bolnav

Robert merge la un magazin de animale şi cumpără un motan mic. Se bucură foarte mult, însă peste o săptămână sună la magazinul de animale să le spună că motanul e bolnav - nu aleargă şi nu se joacă.

"Ciudat!" spune vânzătorul. "Motanul e perfect sănătos. A primit toate vaccinurile necesare! Îmi amintesc bine ce motan fericit era."

"Şi eu sunt foarte surprins!" spune Robert. "Însă acum stă toată ziua în acelaşi loc şi aproape că nu se mişcă deloc."

"Poate doar îi place să doarmă mult?" presupune vânzătorul.

"Nu, nu doarme," răspunde Robert trist. "Doar zace şi nu se mişcă. Vine doar uneori în bucătărie să mănânce. Dar apoi se întinde din nou şi nu se mai ridică."

Proprietarul magazinului de animale îşi dă seama că Robert este foarte supărat.

"Nu vă faceţi griji, am să trec astăzi pe la dumneavoastră să văd ce s-a întâmplat cu motanul," îi spune acesta.

Seara, merge acasă la Robert să vadă motanul şi îşi dă seama că Robert spune adevărul. Motanul nu aleargă şi nu se joacă. Stă doar întins şi aproape că nici nu se mişcă... iar în faţa lui se află o cuşcă mare cu două rozătoare - celelalte două animale de companie ale lui Robert. Motanul stă pe podea şi aproape că nu respiră - priveşte rozătoarele cu atenţie, fără să-şi ia ochii de la ele.

"Ah," spune proprietarul magazinului de animale. "Desigur, totul e limpede acum. De ce ar alerga şi s-ar juca, dacă are cele mai interesante jucării chiar aici? Ce motan ar lăsa de bună voie un şoarece în pace?"

## The sick cat

Robert goes to a pet shop. He buys a little cat. He is very glad, but a week later Robert phones the pet shop and says that the cat is sick. It does not run and play.

"That is strange!" the salesman says. "The cat is absolutely healthy. It has all the required vaccinations! I remember well what a happy cat it was."

"I'm also very surprised!" Robert says. "But now it lies in one place the whole day and almost doesn't move."

"Maybe it sleeps a lot?" the pet shop owner supposes.

"No, it doesn't sleep," Robert answers sadly. "It just lies and doesn't move. Only sometimes it comes to the kitchen to eat. But then it lies down again and doesn't get up."

The owner of the pet shop sees that Robert is very upset.

"Don't worry. I'll come to you today and I will see what happened to the cat," he says. He comes to Robert's home in the evening to look at the cat. He sees that Robert is telling the truth. The cat doesn't run and play. It lies and almost doesn't move... and in front of it there is a big cage with two rats - Robert's other pets. The cat is lying down and almost isn't breathing - it is watching the rats so closely without taking its gaze from them.

"Ooh," the owner of the pet shop says. "Of course, everything is clear now. Why should it run and play when the most interesting toys are right here. What cat would leave a mouse out of its own will?"

# 2

## Hamsterul s-a salvat singur
*The hamster saved itself*

## A

### Vocabular
*Words*

1. a avea - have
2. a cumpăra - buy
3. a da, a oferi - give
4. a dormi, somn - sleep
5. (a face) cunoştinţă (cu) - (get) acquainted
6. a îmbunătăţi - improve
7. a lui Robert - Robert's
8. a mea, al meu - my
9. a mulţumi - thank
10. a noastră, al nostru, ai noştri, ale noastre - our
11. a oferi - offer
12. a plăcea, precum, ca - like
13. a putea - can
14. a râde - laugh
15. a se teme - be afraid
16. a spera, speranţă - hope
17. a suferi, a face rău - hurt
18. a vizita, vizită - visit
19. a vrea - want
20. acest/acesta, aceastā/aceasta - this
21. aceşti/a, aceste/a - these
22. activ, plin de viaţă - active
23. acvariu - aquarium
24. adormit, a adormi - asleep
25. aduce - brings
26. afară - outside
27. ajutor, a ajuta - help
28. animal - animal
29. Annei, acasă la Ann - Ann's
30. apă - water
31. arată - looks, shows
32. bea - drinks
33. bolnav/ă - ill
34. bun, bună, bine - good
35. bună, salut - hello, hi
36. cadou, prezent - present
37. cadouri - gifts
38. cameră - room

9

39. casă - house
40. caz - case
41. ceaşcă - cup
42. ceva - something
43. chiar - even, really
44. comun, obişnuit - common
45. crede - thinks
46. cu toate acestea, oricum, totuşi - however
47. cum - how
48. de asemenea, şi - too
49. de băut - (for) drinking
50. de către - by
51. de obicei - usually
52. deja - already
53. departe, plecat - away
54. despre - about
55. dimineaţă - morning
56. dispoziţie, stare de spirit - mood
57. doarme - (is) sleeping, sleeps
58. dulciuri - sweets
59. ea - she; ea însăşi - herself
60. eu aş - I'd
61. exact, tocmai - exactly
62. face o vizită - pays a visit
63. fiecare - every
64. flori - flowers
65. fructe - fruits
66. hamster - hamster
67. îi pare rău - feels sorry
68. îi place - likes
69. îmbrăţişează - hugs
70. imediat - immediately
71. în - into
72. încă, nemişcat - still
73. începe - starts
74. însuşi, însăşi - itself
75. îşi dă seama, realizează - realizes
76. linişte - quiet
77. mai bine - better
78. mereu, întotdeauna - always
79. mult - much
80. nevoie, a fi/avea nevoie - need

81. noapte - night
82. noi - we
83. nou/ă, noi - new
84. numit - named
85. pat - bed
86. pe ea, al/a/ai/ale ei - her
87. pe el, lui - him
88. pe mine, mie - me
89. pentru - for
90. pentru alergat - (for) running
91. peşte - fish
92. poveste - story
93. prieteni - friends
94. priveşte lung, se holbează - stares
95. râde - laughs
96. râzând, să râdă - laughing
97. roată - wheel
98. salvat - saved
99. sau - or
100. se curăţă - (is) cleaning
101. se dă jos, coboară - gets off
102. se pare - seems
103. se trezeşte - wakes up
104. (se) simte, (i se) pare - feels
105. spune - tells
106. stă, şede - (is) sitting, sits
107. ştie - knows
108. stop, a se opri - stop
109. sunt - am
110. surpriză - surprise
111. tare, zgomotos, copios - loudly
112. târziu - late
113. tău, ta, tăi, tale, vostru, voastră, voştri, voastre - your
114. tu eşti, voi sunteţi - you're
115. un, o - an
116. urmăreşte - chases
117. vede - sees
118. vine - comes
119. voios, voioasă, voioşi, voioase - cheerful
120. vrea - wants
121. zâmbeşte - smiles

alternative subjunctive?
instead of să dea

## Hamsterul s-a salvat singur

Prietena lui Robert, Ana, este bolnavă. Robert îi face Anei în fiecare zi câte o vizită. Câteodată îi duce şi cadouri. De obicei flori, fructe sau dulciuri. Dar astăzi vrea să îi facă o surpriză. Robert ştie că Anei îi plac mult animalele. Ana are deja un motan pe nume Tom. Totuşi, Tom stă de obicei pe afară, iar Robert vrea să-i dăruiască Anei un animal care să fie mereu acasă. Aşadar, Robert merge la un magazin de animale.

"Bună ziua," spune Robert unui vânzător din magazinul de animale.

"Bună ziua," răspunde vânzătorul. "Cu ce vă pot ajuta?"

"Aş dori să cumpăr un animal pentru prietena mea," spune Robert. Vânzătorul cade pe gânduri.

"Vă pot oferi un acvariu cu peşti," spune vânzătorul. Robert se uită la acvariul cu peşti.

"Nu, peştii sunt prea tăcuţi, iar Ana e voioasă şi plină de viaţă," răspunde Robert. Vânatorul zâmbeşte.

"În acest caz, prietena dumneavoastră se va bucura să primească acest animal," spune vânzătorul şi îi arată un mic hamster. Robert zâmbeşte.

"Aveţi dreptate," spune Robert. "Este exact ceea ce îmi trebuie!"

Robert cumpără doi hamsteri şi o cuşcă. Cuşca hamsterilor are tot ce trebuie - un vas pentru apă, o roată pentru alergat, chiar şi un pătuţ.

Seara, Robert merge la Ana.

"Bună, Ana," zice Robert. "Ce mai faci?"

"Bună, Robert," răspunde Ana. "Mă simt mult mai bine astăzi."

"Ana, chiar aş vrea să te fac să te simţi mai bine," spune Robert. "Sper să-ţi placă acest cadou."

Ana îl priveşte pe Robert surprinsă, iar Robert

## The hamster saved itself

Robert's friend Ann is ill. Robert pays a visit to Ann every day. Sometimes Robert brings gifts for her. He usually brings her flowers, fruits or sweets. But today he wants to surprise her. Robert knows that Ann likes animals very much. Ann already has a cat named Tom. However Tom is usually outside. And Robert wants to give Ann an animal that will always be at home. Robert goes to a pet shop.

"Hello," Robert says to a salesman at the pet shop.

"Hello," the salesman answers. "How can I help you?"

"I'd like to buy an animal for my friend," Robert says. The salesman thinks.

"I can offer you an aquarium fish," the salesman says. Robert looks at the aquarium fish.

"No. A fish is too quiet, and Ann is cheerful and active," Robert answers. The salesman smiles.

"In this case, your friend will be glad to get this animal," the salesman says and shows a little hamster. Robert smiles.

"You're right," Robert says. "This is exactly what I need!"

Robert buys two hamsters. He also buys a cage. There is everything in the hamster house - a cup for drinking, a wheel for running, and even a little bed.

In the evening Robert comes Ann's.

"Hi Ann," Robert says. "How are you?"

"Hi Robert," Ann answers. "I am much better today."

"Ann, I really want to improve your mood," Robert says. "I hope you like this present."

Ann looks at Robert in surprise. Robert shows Ann the cage with the hamsters. Ann

îi arată cuşca cu hamsteri. Ana începe să râdă. Îl îmbrăţişează pe Robert.

"Mulţumesc, Robert! Îmi plac hamsterii foarte mult. Câteodată mi se pare că avem câte ceva în comun," spune Ana.

Robert râde şi el. Seara târziu, Robert pleacă acasă, iar Ana merge şi ea la culcare. Motanul Tom intră în camera Anei.

"Tom, fă cunoştinţă cu noii noştri prieteni - hamsterii Willy şi Dolly," îi spune Ana motanului.

Tom se aşează lângă cuşcă şi priveşte insistent hamsterii. Dolly deja doarme, iar Willy aleargă pe roată.

"Tom, să nu le faci rău noilor noştri prieteni. Noapte bună tuturor!" spune Ana, după care se culcă.

A doua zi dimineaţă, Ana se trezeşte şi îl obervă pe Tom stând lângă cuşcă. Dolly se curăţă, iar Willy încă aleargă pe roată. Ana îşi dă seama că motanul stătuse lângă cuşcă toată noaptea, privindu-l pe Willy, iar acestuia i-a fost teamă să se oprească din alergat. Anei i se face milă de Willy. Îl alungă pe Tom de lângă cuşcă, iar Willy coboară de pe roată, merge la bolul cu apă şi bea, după care hamsterul se prăbuşeşte imediat şi adoarme. Doarme toată ziua. Seara, Robert vine la Ana, iar ea îi povesteşte totul. Robert şi Ana se veselesc copios, iar hamsterul Willy se trezeşte şi îi priveşte insistent.

starts laughing. She hugs Robert.

"Thank you, Robert! I like hamsters very much. Sometimes it seems to me that we have something in common," Ann says.

Robert laughs too. Robert goes home late at night. Ann goes to bed. The cat Tom comes into Ann's room.

"Tom, get acquainted. These are our new friends - hamsters named Willy and Dolly," Ann tells the cat. Tom sits down by the cage and stares at hamsters. Dolly is already sleeping, and Willy is running in the wheel.

"Tom, don't hurt our new friends. Good night to you all," Ann says. Ann goes to sleep.

In the morning Ann wakes up and sees that Tom is sitting by the cage. Dolly is cleaning herself, and Willy is still running in the wheel. Ann realizes that the cat was sitting by the cage and was watching Willy the whole night. And Willy was afraid to stop. Ann feels sorry for Willy. She chases Tom away from the cage. Willy gets off the wheel, comes to the water cup and drinks. Then the hamster immediately falls down and falls asleep. It sleeps the whole day. In the evening Robert comes and Ann tells him the story about the hamster. Robert and Ann laugh loudly and the hamster Willy wakes up and stares at them.

# 3

## Un erou
### *A rescuer*

### Vocabular
#### *Words*

1. a întâlni - meet
2. a înțelege, a-și da seama - understand
3. a mârâi - growl
4. a mușca - bite
5. a plimba câinele - walk the dog
6. a ține - hold
7. a-i păsa - care
8. al/a/ai /ale pisicii/motanului - cat's
9. al/a/ai/ale lor - their
10. al/a/ai/ale lui - his
11. aleargă - runs
12. alergare - jogging
13. alt, altul/altă, alta - another
14. animale de companie - pets
15. atacă - attacks
16. câine - dog
17. cap - head
18. cel mai aproape/apropiat - nearest
19. cheamă - calls
20. copac - tree
21. curajos - brave
22. dacă - if
23. de parcă - as
24. dimineață - morning
25. din apropiere, din vecinătate - neighboring
26. după - after
27. erai, eram, erați, erau - were
28. erou, salvator - rescuer
29. facultate - college
30. fată - girl
31. furios - furious, furiously
32. ghepard - cheetah
33. gustos - tasty
34. îi place, iubește - loves
35. îi trebuie - needs
36. înapoi - back
37. încet, fără zgomot - quietly
38. înclinat - tilted
39. înspre - towards
40. întreabă - asks
41. la început, primul - first

42. lesă - leash
43. mâncare - food
44. mârâie - growls
45. merge, plimbă - (is) walking
46. moment, clipă - moment
47. nu pot - can't
48. nume - name
49. numit - called
50. parc - park
51. parte - side
52. prieten - friend
53. privește - watches
54. problemă - problem
55. proprietarii - owners

56. ramură - branch
57. repede - quickly
58. rudă - relative
59. sare - jumps
60. Scuzați-mă - Excuse me
61. se petrece, se întâmplă - going on
62. se urcă, se cațără - climbs
63. supermarket - supermarket
64. timp, moment - time
65. țipă, strigă, plânge - cries
66. uită - forgets
67. unii/unele - some
68. viteză - speed

# B

## Un erou

## A rescuer

Și David, prietenul lui Robert, are un motan. Își iubește motanul foarte mult. Numele lui este Marte, dar David îi spune "Buddy". David merge în fiecare zi după școală la supermarket pentru a cumpăra mâncare bună pentru motan.
Într-o zi, Robert îi spune lui David: "Ții la motanul tău de parcă ți-ar fi rudă."
David zâmbește și îi spune lui Robert povestea motanului. În fiecare dimineață, David merge la alergat în parcul din apropierea casei lui. Tot atunci, proprietarii de animale de companie își plimbă animalele în parc. Odată, David observă o fată alergând spre el cu un câine mare în lesă. "Domnule, domnule!" strigă fata.
David crede că fata are o problemă și că are nevoie de ajutor. Așa că merge repede în întâmpinarea ei.
"Ce s-a întâmplat?" întreabă David, în timp ce fata și câinele aleargă spre el.
"Scuzați-mă, domnule, dar câinele meu o să vă muște, chiar acum! Nu pot să-l stăpânesc," spune fata.
Inițial, David nu înțelege ce se petrece. Însă atunci când câinele îl atacă și începe să mârâie

*Robert's friend David has a cat too. He loves his cat very much. His cat's name is Mars. David calls him "Buddy." David comes into the supermarket every day after college and buys some tasty food for the cat. One day Robert says to David: "You care about your cat as if he were a relative."*
*David smiles and tells his story. David goes jogging in the neighboring park every day in the morning. Pet owners are walking their pets in the park at this time. One time David sees a little girl running towards him with a big dog on a leash.*
*"Mister, Mister!" the girl cries. David thinks that the girl has a problem and she needs help. He goes quickly to meet the girl with the dog.*
*"What happened?" David asks. The girl and the dog run up to David.*
*"Excuse me, Mister, but my dog will bite you right now! I can't hold it back," the girl says. At first David doesn't understand what is going on. But when the dog attacks*

furios, David o ia la fugă spre cel mai apropiat copac, cu viteza unui ghepard. În acel moment, un motan mare sare din copac şi fuge într-o parte. Câinele uită pe loc de David şi porneşte în urmărirea motanului, mârâind. Motanul aleargă repede spre alt copac şi se caţără în el. Câinele sare şi mârâie furios, dar nu poate să prindă motanul din copac. Apoi, motanul se aşează liniştit pe o ramură şi, cu capul uşor înclinat, urmăreşte în tihnă căţelul. Acum, acel motan curajos se numeşte Marte.

*him and furiously growls, David runs to the nearest tree with the speed of a cheetah. At this moment a big cat jumps down from the tree and runs to the side. The dog forgets about David immediately and chases the cat with a growl. The cat quickly runs to another tree and climbs it. The dog jumps with a furious growl, but can't get the cat in the tree. Then the cat lies down quietly on a branch and, with his head tilted to the side, quietly watches the dog. This brave cat is now called Mars.*

# 4

## O bonă cu coadă
*A nanny with a tail*

## A

### Vocabular
*Words*

1. a face - do
2. a lăsa, a permite - let
3. ajută - helps
4. al zecelea/a zecea - tenth
5. apartament - apartment
6. ascultător - obedient
7. calm, liniştit - calm
8. canapea - couch
9. coadă - tail
10. copil - child
11. crede, are impresia, bănuieşte - believes
12. deşi, totuşi - although
13. devine - (is) getting
14. face - (is) doing
15. femeie - woman
16. fiu - son
17. foloseşte - uses
18. ia - takes
19. în plus, - besides
20. în ultima vreme, recent - lately
21. înţelege, îşi dă seama - understands

22. întreabă - (is) asking
23. întredeschis - ajar
24. lift - elevator
25. locuieşte - lives
26. locuind - living
27. mai gras - fatter
28. mângâie - (is) petting
29. miaună - meows
30. mic - small
31. neliniştit - restless
32. niciodată - never
33. observă - notices
34. păsări - birds
35. plăcere - pleasure
36. podea - floor
37. prânz - lunch
38. prinde - catches
39. scări - stairs
40. se joacă - plays
41. (se) întoarce - returns
42. şoareci - mice

43. tânăr/ă - young
44. treburi (de-ale casei) - chores

45. undeva - somewhere
46. uşă - door

# B

## O bonă cu coadă

Motanul Marte este foarte ascultător şi liniştit, deşi, în ultima vreme, mereu iese şi fuge undeva. David observă că Marte e din ce în ce mai gras pe zi ce trece. David bănuieşte că motanul prinde păsări şi şoareci. Într-o zi, David vine acasă; locuieşte la etajul zece, dar nu foloseşte niciodată liftul. Urcă scările şi observă că uşa de la un apartament vecin este întredeschisă. Acolo, observă o femeie tânără care curăţă podeaua din sufragerie. David o cunoaşte. Numele ei este Maria. Pe canapeaua din sufragerie stă un copilaş care îl mângâie pe motanul Marte. Marte miaună de plăcere.
"Bună ziua, Maria. Vă rog să mă cuzaţi, dar ce caută motanul meu la dumneavoastră acasă?" o întreabă David pe femeie.
"Bună ziua, David. Ştiţi, copilul meu e foarte agitat. Nu mă lasă să-mi fac treburile. Fiul meu mereu mă roagă să mă joc cu el. Motanul dumneavoastră mă ajută. Se joacă cu fiul meu," răspunde Maria.
David izbucneşte în râs.
"Şi, în plus, mereu se alege cu un prânz gustos din partea mea!" spune femeia.
Acum David înţelege de ce motanul lui devine tot mai gras pe zi ce trece.

## A nanny with a tail

*The cat Mars is very obedient and calm. Although lately it is always running off somewhere. David notices that Mars is getting fatter every day. David believes that the cat catches birds and mice. One day David returns home; he lives on the tenth floor, but never uses an elevator. He takes the stairs up and sees that a door to a neighboring apartment is ajar. David sees a young woman cleaning the floor in the living room. David knows her. Her name is Maria. A small child is sitting on the couch in the living room and petting the cat Mars. Mars meows with pleasure.*
*"Good day, Maria. Excuse me, what is my cat doing at your place?" David asks the woman.*
*"Good day, David. You see, my child is very restless. He doesn't let me do chores. My son is always asking me to play with him. Your cat helps me. It plays with my son," Maria answers. David laughs.*
*"Besides, he always gets a tasty lunch from me!" the woman says. David understands now why his cat is getting fatter and fatter every day.*

# 5

## Un motan vorbitor
### *A talking cat*

# A

### Vocabular
### *Words*

1. a angaja - hire
2. a auzi - hear
3. a cădea - fall
4. a hrăni - feed
5. a se duce, a merge - go
6. a vorbi - speak
7. același, aceeași, aceiași, aceleași - same
8. adevărat - true
9. al/a/ai/ale păpușii - doll's
10. apasă - presses
11. aproape, în jur de - around
12. aruncând o privire - glancing
13. asta e - that's
14. aude - hears
15. autoritar - demanding
16. auzit - heard
17. (ba) mai mult - moreover
18. bătrân, vechi - old
19. blând, bun, simpatic - kind
20. bonă - nanny
21. cere, pretinde - demands
22. cineva - someone
23. clar, distinct, limpede - distinctly
24. colț - corner
25. continuă - keeps
26. convinge - convinces
27. copii - children
28. cu atenție - attentively
29. cu nemulțumire, cu reproș - discontentedly
30. dă, oferă - gives
31. decide - decides
32. dintr-o dată, brusc - suddenly
33. direct - directly
34. ei, ele - they
35. expresie - phrase
36. face cruce - crosses
37. în curând - soon
38. în timp ce - while
39. începe - begins
40. îndoială - doubt
41. întoarce - turns

42. iubeşte - loves
43. joacă - playing
44. lucrând, muncind - working
45. mai întâi - first
46. minte, cap - mind
47. mulţumit, satisfăcut - satisfied
48. nimeni - nobody
49. nu mai - anymore
50. obosit - tired
51. până - till
52. păpuşă - doll
53. precauţie, atenţie - caution
54. priveşte - (is) looking

55. repetă - repeats
56. sare - jumps
57. se sperie - gets scared
58. speriat, înspăimântat - frightened
59. stă - stays
60. stă întins - lies
61. ton, voce - tone
62. uman, om - human
63. vis - dream
64. voce - voice
65. vorbeşte - (is) talking
66. vorbeşte - speaks

 **B**

## Un motan vorbitor

Într-o zi, Maria se decide să angajeze o bonă pentru copilul ei. Noua bonă este o bătrânică simpatică. Iubeşte copiii foarte mult. În prima zi de lucru la Maria, bona rămâne acasă cu copilul.
Doar motanul Marte era cu ei. După plimbare şi după joacă, bona duce copilul la culcare. Este obosită, aşa că decide să se culce şi ea. Însă imediat ce aţipeşte, cineva dintr-un colţ al camerei strigă tare: "Dă-mi să mănânc!"
Bona sare surprinsă. Se uită în stânga şi în dreapta - nu este nimeni acolo. Doar motanul Marte stă într-un colţ, într-un pat de păpuşă. Motanul o priveşte pe bonă nemulţumit.
Bona decide că n-a fost decât un vis şi vrea să se întoarcă la somn. Dar apoi, din acelaşi colţ al camerei, aude limpede pe cineva vorbind din nou: "Vreau să mănânc!"
Bona îşi întoarce capul - motanul se uită, cu atenţie şi nemulţumire, direct la ea. Bătrâna începe să se sperie. Se uită la motan o vreme, când dintr-o dată, dinspre el, se aude din nou vocea autoritară: "Dă-mi ceva să mănânc!"
Bătrâna îşi face cruce, pentru orice eventualitate, şi merge în bucătărie. Apoi îi dă

## *A talking cat*

*One day Maria decides to hire a nanny for her child. The new nanny is a kind old woman. She loves children very much. On the first day of working at Maria's, the nanny stays at home with the child. Only Mars the cat is with them. After walking and playing, the nanny takes the child to bed. She is tired and decides to go to sleep also. But as soon as she begins to fall asleep, suddenly someone says loudly in the corner of the room: "Feed me!" The nanny jumps up in surprise. She looks around - there is nobody there. Only the cat Mars lies in the corner in a doll's bed. The cat Mars is looking at the nanny discontentedly. The nanny decides that it was a dream and she wants to go back to sleep. But then from the same corner she distinctly hears again: "I want to eat!" The nanny turns her head - the cat is looking attentively and discontentedly directly at her. The old woman gets scared. She looks at the cat for a while, when suddenly the demanding voice is heard from him again: "Give me something to eat!" She crosses herself, just in case, and goes to the kitchen.*

motanului ceva de mâncare. Până seara, femeia îi tot aruncă motanului câte o privire, cu precauție. Dar motanul, acum mulțumit, doarme și nu mai vorbește.

Maria se întoarce acasă seara, iar bătrâna îi povestește, speriată, că motanul vorbește cu voce de om și cere de mâncare. Maria este foarte surprinsă. Începe să se îndoiască de faptul că noua bonă este sănătoasă la cap. Dar bona încearcă să o convingă că totul e adevărat.

"Așa s-a întâmplat!" spune bona. "Aici stătea motanul, în colț, pe patul păpușii, și-mi spunea: 'Dă-mi ceva de mâncare!' Ba mai și repeta!" spune bona.

Și, dintr-o dată, Maria își dă seama ce s-a întâmplat. Se duce la patul păpușii, de unde luă o păpușă mică. Maria apasă pe ea și amândouă femeile aud aceeași expresie: "Vreau să mănânc!"

*She gives some food to the cat. She keeps glancing with caution at the cat Mars till the evening. But the satisfied cat sleeps and does not speak anymore.*

*Maria comes back home in the evening and the old woman tells her in a frightened tone that the cat speaks in a human voice and demands food. Maria is very surprised. She begins to doubt that the new nanny is in her right mind. But the nanny convinces her that it is true.*

*"That's how it was!" the nanny says. "Here in this corner, in the doll's bed, the cat sits and says to me 'give me something to eat'! Moreover it repeats it!" the nanny says.*

*And suddenly Maria understands what happened. She comes to the doll's bed and takes a small doll from it. Maria presses the doll and they hear the same phrase: "I want to eat!"*

# 6

## Oaspetele somnoros
*Sleepy guest*

## A

### Vocabular
*Words*

1. a aduna - gather
2. a continuat - continued
3. a devenit - became
4. a dormi bine , a se odihni - get a good night's sleep
5. a fi - be
6. a lua - take
7. a şti - know
8. al/a/ai/ale câinelui - dog's
9. ani - years
10. ataşat - attached
11. bine hrănit - well-fed
12. bun , frumos - fine
13. câteva , câţiva - several
14. cine - who
15. curios - curious
16. curte - yard
17. este - it's
18. fără casă , fără stăpân , vagabond - homeless

19. galben - yellow
20. grămadă - bunch
21. în cele din urmă , în final , în sfârşit - finally
22. încă - yet
23. încearcă - (is) trying
24. încet , tiptil - slowly
25. mâine - tomorrow
26. mijloc - middle
27. notă , bilet - note
28. nu sunt - aren't
29. oaspete - guest
30. plimbare - walk
31. răspuns - answer
32. şase - six
33. se apropie - approaches
34. somnoros , adormit - sleepy
35. studii , cursuri - studies
36. toamnă - autumn
37. trei - three

38. unde - where
39. universitate - university
40. următor/următoare - following
41. urmează , se ține după - follows

42. venind - coming
43. vreme - weather
44. zgardă , guler - collar
45. zile - days

 **B**

## Oaspetele somnoros

Ca de obicei, după cursurile de la universitate, Robert iese la plimbare. Vremea e frumoasă azi. E abia mijlocul toamnei. Robert decide să adune niște frunze galbene. Dintr-o dată, observă un câine bătrân intrând în curte. Pare foarte obosit. Are o zgardă la gât și este bine hrănit. Așa că Robert se gândește că nu e vagabond și că stăpânii lui au mare grijă de el.
Câinele se apropie fără zgomot de Robert. Robert îl mângâie pe cap, dar deja veni timpul să se întoarcă acasă. Câinele îl urmează. Intră în casă și se strecoară încet în camera lui Robert. Apoi se întinde într-un colț și adoarme.
A doua zi, câinele vine din nou. Îl întâmpină pe Robert în curte, apoi intră din nou în casă și adoarme în același loc. Doarme timp de aproximativ trei ore. Apoi se ridică și pleacă, nu se știe unde.
Asta continuă așa câteva zile. În cele din urmă, Robert devine curios, așa că atașează un bilet în zgarda câinelui, cu următorul text: "Aș dori să știu cine este stăpânul acestui câine frumos și dacă știți că vine să doarmă la mine aproape în fiecare zi."
A doua zi, câinele vine din nou, cu următorul mesaj atașat de zgardă: "Locuiește într-o casă cu șase copii, dintre care doi nu au împlinit nici măcar trei ani. Încearcă și el să doarmă bine undeva. Pot să vin și eu mâine?"

## *Sleepy guest*

*As usual after his studies at the university, Robert goes outside to take a walk. The weather is good today. It's just the middle of autumn. Robert decides to gather a bunch of yellow leaves. Suddenly he sees an old dog coming into the yard. It looks very tired. It has a collar on and it is very well-fed. So Robert decides that it is not homeless and that they look after it well. The dog approaches Robert quietly. Robert pets it on the head. Robert should be going back home already. The dog follows him. It comes into the house; slowly comes into Robert's room. Then it lies down in the corner and falls asleep.*
*The next day the dog comes again. It approaches Robert in the yard. Then it goes into the house again and falls asleep in the same place. It sleeps for about three hours. Then it gets up and goes away somewhere. This continued for several days. Finally Robert became curious, and he attached a note to the dog's collar with the following: "I would like to know who is the owner of this fine dog, and if he knows that the dog comes to my place almost every day to sleep?"*
*The next day the dog comes again, and the following answer is attached to its collar: "It lives in a house where there are six children, and two of them aren't three years old yet. It is just trying to get a good night's sleep somewhere. Can I also come to you tomorrow?"*

# 7

## Nu e câinele de vină
*The dog isn't guilty*

## A

### Vocabular
*Words*

1. a cânta - sing
2. a culege, a alege - pick
3. a fost - been
4. a încuia - lock
5. a lătrat - barked
6. a păzi, a veghea, a privi - watch
7. a rămâne, a sta - stay
8. a se apropia - approach
9. acum un an, cu un an în urmă - a year ago
10. an - year
11. arhitect - architect
12. atârnă - (is) hanging
13. bibliotecă - library
14. cafenea - café
15. cântă - (is) singing
16. căsătorit/ă - married
17. ciupercă - mushroom
18. clădire, construcție - building
19. conduce - drives
20. coșuri - baskets
21. cu - with
22. cu entuziasm - excitedly
23. cu veselie, vesel - cheerfully
24. duminică - Sunday
25. familie - family
26. fereastră, geam - window
27. firmă - firm
28. firmă de construcții - building firm
29. furat - stolen
30. găsit - found
31. latră - barks
32. lipsește - (is) missing
33. lipsește - misses
34. lucrează - works
35. mai tânăr/ă, mai mic/ă - younger
36. mamă - mom, mother
37. mărime medie, mijlociu - medium-sized
38. mașină - car
39. membri - members
40. muzică - music
41. noi, nouă - us
42. opt - eight

43. ore - hours
44. oricum - anyway
45. pădure - forest
46. primit, devenit - got
47. prin, pe - through
48. școală - school
49. secretar/ă - secretary

50. soare - sun
51. soră - sister
52. soț - husband
53. strălucește - (is) shining
54. toți, toată lumea - everybody
55. vinovat - guilty

# B

## Nu e câinele de vină

După facultate, David merge la bibliotecă. Seara, se întâlnește cu prietenii lui într-o cafenea. Sora mai mică a lui David, Nancy, are deja opt ani. Merge la școală.
Mama lui David, Linda, lucrează ca secretară. Soțul ei, Cristian, este arhitect la o firmă de construcții. Cristian și Linda s-au căsătorit acum un an. David are un motan pe nume Marte și un câine pe nume Baron.
Azi e duminică. David, Nancy, Linda, Cristian și Baron se duc în pădure să culeagă ciuperci. David conduce. În mașină e pornită muzica. Tatăl și mama cântă. Baron latră vesel.
Apoi, mașina se oprește. Baron sare din mașină și aleargă în pădure. Sare și se joacă.
"Baron, ar trebui să rămâi aici," îi spuse David. "Ar trebui să păzești mașina, iar noi vom merge în pădure."
Baron se uită cu ochi triști la David, dar, oricum, se întoarce în mașină. Îl încuie în mașină, apoi mama, tatăl, David și Nancy iau coșurile și merg să culeagă ciuperci. Baron privește afară pe fereastra mașinii.
"E bine că îl avem pe Baron. Păzește el mașina și nu trebuie să ne facem griji," spune tatăl.
"Baron e un câine curajos," spune David.
"Vremea e frumoasă astăzi," spune mama.
"Am găsit prima ciupercă!" strigă Nancy.
Toți încep să adune ciuperci, cu entuziasm.

## *The dog isn't guilty*

*David goes to the library after college. He meets his friends in a café in the evenings. David's younger sister Nancy is already eight years old. She studies at school. David's mom, Linda, works as a secretary. Her husband Christian works as an architect at a building firm. Christian and Linda got married a year ago. David has a cat named Mars and a dog, Baron.*
*It is Sunday today. David, Nancy, Linda, Christian and Baron go to the forest to pick mushrooms. David drives. Music plays in the car. The father and the mother sing. Baron barks cheerfully.*
*Then the car stops. Baron jumps out of the car and runs to the forest. It jumps and plays.*
*"Baron, you should stay here," David says. "You should watch the car. And we will go to the forest."*
*Baron looks sadly at David, but goes to the car anyway. They lock him in the car. The mother, the father, David and Nancy take baskets and go to pick mushrooms. Baron looks out through the car window.*
*"It is good that we have Baron. He watches the car and we don't need to worry," the father says.*
*"Baron is a brave dog," David says.*
*"The weather is good today," the mother says.*
*"I have found the first mushroom!" Nancy cries. Everybody starts to gather mushrooms*

Toţi membrii familiei sunt într-o bună dispoziţie. Păsările cântă iar soarele străluceşte. David adună doar ciupercile mari. Mama adună ciuperci mici şi mijlocii. Tatăl şi Nancy adună ciuperci mari, mici şi mijlocii. Culeg ciuperci timp de două ore. "Trebuie să ne întoarcem la maşină. Îi lipsim lui Baron," spune tatăl.

Se duc toţi spre maşină. Se apropie de ea. "Ce e asta?" strigă Nancy. Lipsesc roţile maşinii! Roţile au fost furate! Câinele stă în maşină şi îşi priveşte speriat familia. De geam atârnă un bilet: "Nu e câinele dumneavoastră de vină. El a lătrat!"

excitedly. All members of the family are in a good mood. The birds are singing, the sun is shining. David gathers only big mushrooms. Mother gathers small and medium-sized ones. The father and Nancy gather big, small and medium-sized mushrooms. They pick mushrooms for two hours.

"We have to go back to the car. Baron misses us," the father says. Everybody goes to the car. They approach the car.

"What is this?" Nancy cries. The car is missing its wheels! The wheels have been stolen! The dog is sitting in the cabin and looking at his family with a frightened look. A note is hanging on the window: "The dog isn't guilty. It barked!"

# 8

## Valizele
*The suitcases*

## A

### Vocabular
*Words*

1. a ajunge - arrive
2. a chema - call
3. a duce, a căra, a purta - carry
4. a se odihni, odihnă, pauză - rest
5. a vinde - sell
6. avut - had
7. bagaj - luggage
8. bine, OK - OK
9. cărţi - books
10. ceai - tea
11. cină - dinner
12. citeşte - reads
13. compartiment - compartment
14. crezut - thought
15. cum - how
16. departe - far
17. devreme - early
18. duce, cară, poartă - carries
19. explică - explains
20. geantă, bagaj - bag
21. grădină - garden
22. împreună - together
23. lângă - next to
24. legume - vegetables
25. luat - took
26. lună - month
27. oraş - city
28. peron, platformă - platform
29. pescuit - fishing
30. poveşti - stories
31. pregăteşte - (is) preparing
32. prezintă - introduces
33. râu - river
34. şaptezeci - seventy
35. sigur, convins, desigur - sure
36. singur/ă - alone
37. situaţie - situation
38. staţie, gară - station

39. taxi - taxi
40. trist - sad
41. unchi - uncle
42. valize - suitcases

43. vară - summer
44. viață - life
45. voi, vei, va, vom, veți, vor - shall

 # B

## Valizele

În fiecare vară, David merge în vizită la unchiul său Filip.Unchiul Filip locuiește singur. Are șaptezeci de ani. David și unchiul Filip merg de obicei să pescuiască la râu dimineața devreme. Apoi David își ajută unchiul să adune fructe și legume din grădină. După prânz, David face o pauză și citește cărți. Seara, David și unchiul Filip merg să vândă fructele. Apoi iau cina și stau de vorbă. Unchiul Filip îi spune lui David povești despre viața lui. De obicei, David stă la unchiul Filip cam o lună, apoi se întoarce acasă.
Vara aceasta, David se întoarce acasă de la unchiul Filip cu autobuzul. În autobuz stă lângă o fată. David face cunoștință cu ea. Numele ei este Ana. Ana locuiește în același oraș cu David, dar departe de casa lui. Ajung în oraș. David o ajută pe Ana să-și ia bagajul din compartimentul de bagaje. Anei i se dau două valize. David o ajută și îi ia valizele.
"Ana, am te conduc acasă," spune David.
"Bine. Dar tu locuiești departe de mine," răspunde Ana.
"Nu-i nimic, voi lua un taxi," răspunde David. E deja seară, iar David și Ana străbat orașul și povestesc. Ajung la casa Anei, iar David îi duce bagajele în casă. Ana îl prezintă pe David mamei sale.
"Mamă, el este David. David m-a ajutat să car bagajul," spune Ana.
"Bună seara," zice David.
"Bună seara," răspunde mama Anei. "Vrei niște ceai?"
"Nu, mulțumesc, trebuie să plec," spune David

## *The suitcases*

*Every summer, David goes to visit his uncle Philippe. Uncle Philippe lives alone. He is seventy years old. David and uncle Philippe usually go fishing in the river early in the morning. Then David helps the uncle gather fruit and vegetables in the garden. After lunch David has a rest and reads books. David and uncle Philippe take fruit to sell in the evenings. Then they have dinner and talk together. Uncle Philippe tells David stories about his life. David usually stays at uncle Philippe's for a month and then goes back home.*
*David is coming home from uncle Philippe's by bus this summer. He is sitting next to a girl on the bus. David gets acquainted with the girl. Her name is Ann. Ann lives in the same city as David does. But Ann lives far away from his house. They arrive in the city. David helps Ann to get her bags from the luggage compartment. Ann gets two suitcases. David helps her and takes the suitcases.*
*"Ann, I'll walk you home," David says.*
*"OK. But you live far from me," Ann answers.*
*"Never mind, I'll take a taxi," David answers. David and Ann walk through the evening city and talk. They come to Ann's house. David carries the bags into the house. Ann introduces David to her mom.*
*"Mom, this is David. David helped me to carry the bags," Ann says.*
*"Good evening," David says.*
*"Good evening," Ann's mom answers. "Would you like some tea?"*
*"No, thanks. I have to go," David says. He is*

și se pregătește să plece.

"David, nu-ți uita valizele," spune mama Anei. David se uită cu mirare la Ana și la mama ei.

"Cum așa? Acestea nu sunt valizele tale?" o întreabă David pe Ana.

"Am crezut că sunt valizele tale," răspunde Ana.

Când Ana și-a luat bagajul din compartimentul pentru bagaje, a scos afară două valize. David a crezut că sunt valizele ei. Și Ana a crezut că sunt ale lui David.

"Ce facem acum?" spune David.

"Ar trebui să mergem la gară," răspunde Ana, "și să înapoiem valizele".

Ana și David cheamă un taxi și pleacă spre gară. Acolo văd două fete triste, pe peron. David și Ana merg la ele.

"Scuzați-mă, acestea sunt valizele voastre?" întreabă David, după care le explică întreaga situație.

Fetele râd. Fuseseră sigure că cineva le-a furat valizele.

*preparing to leave.*

*"David, do not forget your suitcases," Ann's mom says. David looks at Ann and her mom in surprise.*

*"How's that? Aren't these your suitcases?" David asks Ann.*

*"I thought these were your suitcases," Ann answers. When Ann was getting her bag from the luggage compartment, she took the two suitcases out. David thought that these were Ann's suitcases. And Ann thought they were David's.*

*"What shall we do?" David says.*

*"We should go to the station," Ann answers, "and take back the suitcases."*

*Ann and David call a taxi and arrive to the station. There they see two sad girls on the platform. David and Ann come up to the girls.*

*"Excuse me, are these your suitcases?" David asks and explains all the situation to them. The girls laugh. They were sure that their suitcases had been stolen.*

# 9

## Profesorul Leonidas
### *Professor Leonidas*

## A

### Vocabular
*Words*

1. a avea de gând, a intenționa, a se referi - mean (dacă vrei să spui - if you mean to say)
2. a ghici, a presupune - guess
3. a indica a arăta cu degetul - points
4. a participa - attend
5. a se pregăti - prepare
6. a simți - feel
7. așteaptă - (is) waiting
8. birou, catedră, bancă (la școală) - desk
9. cel mai faimos, cel mai cunoscut - most famous
10. cel mai tare - loudest
11. colegi - colleagues
12. cu pasiune - emotionally
13. cursuri - lectures
14. deget - finger
15. departament - department
16. deși - though
17. dificil, greu - difficult
18. expresie încruntată - frown
19. faimos, celebru - famous
20. fel de mâncare - dish
21. gânduri - thoughts
22. Grecia - Greece
23. grozav - great
24. indiciu - hint
25. îndrăzneț - daring (încercare îndrăzneață - daring guess)
26. intră - enters
27. întrebări - questions
28. învățat - learned
29. istorie - history
30. jurnalism - journalism
31. liniștit, tăcut - silent
32. lung - long
33. materie, subiect - subject
34. național - national
35. negru - black
36. note - marks

37. nu era - wasn't
38. ochi - eyes
39. păr - hair
40. pe ascuns, în secret - secretly
41. perfect - perfectly
42. poreclă - nickname
43. predă - teaches
44. principal, important - main
45. probabil - probably
46. profesor - professor
47. puțin/ă, puțini/e - few
48. rar - rarely
49. rege - king

50. s-a îndrăgostit - fell in love
51. scaun - chair
52. Sparta - Sparta
53. strânge - collects
54. student/ă - student
55. subiect, temă, sarcină - assignment
56. superb, magnific - magnificent
57. tavan - ceiling
58. test - test
59. test cu întrebări - quiz
60. zeu - god
61. Zeus - Zeus

# B

## Profesorul Leonidas

David studiază la facultate în cadrul Institutului de Jurnalism. Profesorul Leonidas predă la Insitutul de Jurnalism. El este grec și predă istorie. Profesorul Leonidas are porecla Zeus, pentru că predă cu multă pasiune și are un păr lung, superb, și ochi mari, negri.
Astăzi, David are test la istorie. Îi place materia. Citește mult și ia mereu note bune. David intră în sală și trage un subiect de examen. Se așează în bancă și rezolvă subiectul. Întrebările nu sunt grele. Lena stă lângă David.
Lena rareori participă la cursurile profesorului Leonidas. Ei nu îi place istoria. Așteaptă să-i vină rândul, apoi Lena merge la catedra profesorului Leonidas și se așează pe un scaun. "Acestea sunt răspunsurile mele la întrebări," îi spune Lena profesorului și îi dă foaia cu subiectele.
"Bine," spune profesorul privind-o pe Lena. Își amintește perfect că Lena nu participă la cursurile lui. "Probabil Lena este o studentă bună și învață bine," își spune în sine profesorul Leonidas. Însă vrea totuși să îi pună fetei niște întrebări.

## Professor Leonidas

*David studies at the journalism department at college. Professor Leonidas teaches at the journalism department. He is Greek and teaches history. Professor Leonidas has the nickname Zeus because he lectures very emotionally and has magnificent long hair and big black eyes.*
*Today David has a test in history. He likes the subject. He reads a lot and always gets good marks.*
*David enters the room and takes a test assignment. He sits down at the desk and does the assignment. The questions aren't difficult. Lena sits next to David. Lena rarely attends professor Leonidas's lectures. Lena doesn't like history. She is waiting for her turn. Then Lena goes to professor Leonidas's desk and sits down on a chair.*
*"These are my answers to the questions," Lena says to the professor and gives him the test assignment.*
*"Well," the professor looks at Lena. He remembers perfectly that Lena doesn't attend his lectures. "Lena is probably a good student and studies well," professor*

"Lena, care este principalul zeu al grecilor?" întreabă profesorul.

Lena tace. Nu ştie. Profesorul Leonidas aşteaptă. În banca din primul rând stă Julia. Aceasta vrea să-i dea un indiciu. Lena se uită spre Julia, iar Julia îi face pe ascuns un semn cu degetul către profesorul Leonidas.

"Leonidas este principalul zeu al grecilor," spune Lena.

Studenţii izbucnesc în râs. Profesorul Leonidas o priveşte încruntat. Apoi se uită spre tavan şi îşi adună gândurile.

"Dacă te referi la Leonidas, regele spartanilor, el nu a fost zeu. Deşi, a fost o mare personalitate grecească. Dacă te referi la mine, eu mă simt zeu doar la mine în bucătărie, când gătesc mâncăruri tradiţionale greceşti," spune profesorul Leonidas privind-o pe Lena cu atenţie. "Dar, oricum, mulţumesc pentru încercarea îndrăzneaţă.

Profesorul Leonidas le spune colegilor săi, câteva zile mai târziu, că el este cel mai mare zeu al grecilor. Profesorul râde cel mai tare dintre toţi. Iar Lena a învăţat numele tuturor grecilor faimoşi şi s-a îndrăgostit de istoria Greciei.

*Leonidas thinks. But he still wants to quiz the girl.*

*"Lena, who is the main Greek god?" the professor asks. Lena is silent. She doesn't know. Professor Leonidas is waiting. Julia sits at the front desk. Julia wants to give her a hint. Lena looks at Julia. And Julia secretly points a finger at professor Leonidas.*

*"Leonidas is the main Greek god," Lena says. The students laugh out. Professor Leonidas looks at her with a frown. Then he looks at the ceiling and collects his thoughts.*

*"If you mean Leonidas, the king of Sparta, he wasn't a god. Though he also was a great Greek. If you mean me, then I feel like a god only in my kitchen when I prepare a national Greek dish," professor Leonidas looks at Lena attentively. "But anyway thank you for the daring guess."*

*Professor Leonidas tells his colleagues a few days later, that he is the main Greek god. The professor laughs loudest of all. And Lena learned the names of all the most famous Greeks and fell in love with the history of Greece.*

# La dentist
## *At the dentist*

### Vocabular
*Words*

1. a elimina, a înlătura - eliminate
2. a închide - close
3. a întâlnit - met
4. a monta, a instala - install
5. a repara - fix
6. a se înscrie, a aplica - apply
7. chirurgie dentară - dental surgery
8. client - client
9. companie - company
10. companie de construcţii - construction company
11. constructori - builders
12. corect - correctly
13. cu plăcere - you're welcome
14. cursuri - classes
15. decât, ca - than
16. defect - defect
17. dentist - dentist
18. deschis/ă - open
19. dinte - tooth
20. doctor, medic - doctor
21. durere de dinte/de măsea - toothache
22. este de acord, aprobă - agrees
23. gură - mouth
24. înainte - before
25. ingineresc, al constructorului - builder's
26. îşi aminteşte - recalls
27. larg - widely
28. loveşte - hits
29. mai devreme - earlier
30. mâini - hands
31. maxilar - jaw
32. mulţumit, cu mulţumire - contentedly
33. operaţie - surgery
34. orice - anything
35. pentru că - because

36. pierdere - loss
37. prost, rău - badly
38. scrie - writes
39. se aşază, stă - sits
40. şef, superior - chief
41. slujbă, loc de muncă - job
42. spală - washes

43. spital - hospital
44. te rog - please
45. termen - term
46. termen, semestru - term
47. tratează, vindecă - treats
48. uşor - slightly

 **B**

## La dentist

David are un prieten pe nume Victor. David şi Victor sunt prieteni de mult timp. Victor lucrează la o companie de construcţii. Montează uşi în apartamente noi. Lui Victor nu îi place slujba lui. Vrea, de asemenea, să studieze la facultate. Victor pleacă mai devreme de la serviciu, pentru că participă la cursuri de seară. Se pregăteşte pentru a se înscrie la facultate. Dar astăzi, Victor îl roagă pe şeful său să îl lase să meargă nu la cursuri, ci la spital. Are o durere de dinţi. Îl doare de două zile. Merge la spital, la cabinetul de chirurgie dentară.
"Bună ziua, domnule doctor!" spune Victor.
"Bună ziua," răspunde doctorul.
"Domnule doctor, mi se pare că ne-am mai întâlnit undeva," spune Victor.
"Posibil," răspunde doctorul.
Victor se aşază pe scaun şi deschide gura larg. Doctorul tratează dintele lui Victor. Totul merge bine. Doctorul se spală pe mâini şi zice:
"Dintele dumneavoastră e sănătos acum. Puteţi să plecaţi."
Dar Victor nu poate răspunde, pentru că nu îşi mai poate închide gura. Victor arată cu degetul spre gură.
"Înţeleg," spune doctorul. "Nu te supăra! În termeni inginereşti, asta se numeşte un defect. Pot repara acest defect mâine," îi răspunde doctorul.
În acel moment, Victor îşi aminteşte că doctorul este un client al companiei lor. Victor a instalat

## *At the dentist*

*David has a friend named Victor. David and Victor have been friends for a long time. Victor works at a construction company. He installs doors in new apartments. Victor doesn't like his job. He wants to study at college, too. Victor leaves work earlier because he attends evening school. He prepares to apply to college. But Victor asks his chief today to let him go not to the classes, but to the hospital. Victor has a toothache. He has had a toothache for two days. He arrives at the hospital and comes into the dental surgery.*
*"Hello, doctor!" Victor says.*
*"Hello!" the doctor answers.*
*"Doctor, it seems to me that we have met somewhere before," Victor says.*
*"Maybe," the doctor answers. Victor sits down in a chair and widely opens his mouth. The doctor treats Victor's tooth. Everything goes well. The doctor washes his hands and says: "Your tooth is healthy now. You can go."*
*But Victor can't say anything because his mouth doesn't close. Victor points to the mouth.*
*"I see," the doctor says. "Don't get upset! In builder's terms, this is called a defect. I can fix this defect tomorrow," the doctor answers.*
*At this moment Victor recalls that the*

prost o uşă la acest doctor acasă. Uşa doctorului nu se închide. Victor îi scrie un bilet doctorului: "Am să merg chiar acum la dumneavoastră acasă şi am să montez uşa corect."
Doctorul este de acord, aşa că Victor şi doctorul iau un taxi. Victor stă în maşină, cu gura deschisă, şi priveşte trist pe geam. Ajung acasă la doctor. Victor repară defectul uşii cu gura deschisă. Dar doctorul nu îi mulţumeşte, ci îl loveşte uşor pe Victor peste maxilar, iar gura i se închide. Victor e încântat.
"Mulţumesc, domnule doctor!" îi spune medicului. "Dumneavoastră înlăturaţi defectele mai bine decât constructorii. Rezolvaţi problema fără să pierdeţi timpul," spune Victor.
"Cu plăcere," răspunde doctorul mulţumit. "Poţi să mai vii la mine când ai nevoie de ajutor."

doctor is a client of their company. Victor badly installed a door at the doctor's. The doctor's door doesn't close. Victor writes a note to the doctor: "I'll come to your place right now and install the door correctly." The doctor agrees. Victor and the doctor take a taxi. Victor sits in the taxi with the open mouth and looks sadly through the car window. They come to the doctor's house. Victor fixes the defect with the open mouth. The doctor doesn't thank Victor. He hits Victor slightly on the jaw and the mouth closes. Victor is happy.
"Thank you, doctor!" he says to the doctor. "You eliminate defects better than builders. You do it without a loss of time," Victor says.
"You're welcome," the doctor says contentedly. "Come when you need help, please."

# 11

## Dreptatea triumfă!
*Justice triumphs!*

## A

### Vocabular
*Words*

1.  a aminti - remind
2.  a flata - flatter
3.  a modifica, a schimba - change
4.  a recunoaște - admit
5.  a strica - spoil
6.  a trișa - cheat
7.  a verifica - check
8.  apare, se vede - appears
9.  a-și da seama, a depista - spot
10. autor - author
11. aventuri - adventures
12. cămine studențești - dorms
13. capodoperă - masterpiece
14. cea/cel mai mare - highest
15. competent - competent
16. compoziție, conținut - composition
17. continuă - continues
18. copiam - (was) copying
19. copiat - copied
20. cu atenție, cu grijă - carefully
21. cu seriozitate - seriously
22. cu sfială, cu ezitare - hesitantly
23. cu strictețe - strictly
24. dat - given
25. decis - decided
26. des, adesea - often
27. deștept - smart
28. destul, suficient - enough
29. drag/ă - dear
30. dreptate, justiție - justice
31. engleză - English
32. eseuri - essays
33. eu însumi/însămi - myself
34. excelent - excellent
35. experiență - experience
36. făcut - did
37. fără a se gândi - thoughtlessly
38. idee, concept - concept
39. impresionat - impressed
40. în special, mai ales - especially
41. încheie, termină - finishes
42. inteligență - intelligence
43. intenționează - means (ce vrea să spună - what he means)

35

44. laudă, a lăuda - praise
45. lecţie - lesson
46. leneş - lazy
47. literatură - literature
48. mai mult - more
49. mai strict - more strictly
50. meritat - deserved
51. mic/ă, scăzut/ă - low
52. modalitate, fel - way
53. nivel - level
54. orice - any
55. oricine - anybody
56. profesor - teacher
57. prost - poorly (nu ştii/nu te pricepi să faci ceva - you do something poorly)
58. rămas - left
59. sală de clasă - classroom
60. scriitor - writer
61. scris - written

62. simplu, natural - easy
63. sincer - honestly
64. şiret, cu viclenie - slyly
65. spirit, esenţă - spirit
66. ştia - knew
67. stil - style
68. teamă, frică - fear
69. temă - theme
70. temă de casă - homework
71. ţine - holds
72. tip, băiat - guy
73. trece - passes
74. triumfă - triumphs
75. uimire - amazement (de uimire - in amazement)
76. uşor, cu uşurinţă - easily
77. vesel, bucuros - merrily
78. vorbeşte - talks

# B

## Dreptatea triumfă!

Robert locuieşte la un cămin studenţesc. Are mulţi prieteni. Toţi studenţii îl plac. Dar profesorii ştiu că uneori Robert este leneş. De aceea, se poartă mai strict cu el decât cu alţi studenţi.

Primul curs al lui Robert pe ziua de astăzi este cel de literatură engleză. Studenţii studiază cu atenţie lucrările lui Charles Dickens. Acest scriitor a devenit celebru datorită unor opere precum "Aventurile lui Oliver Twist", "Dombey şi fiul", "David Copperfield" şi aşa mai departe. Profesorul trebuie să verifice astăzi eseurile primite ca temă de casă. Profesorul intră în clasă. Ţine în mână lucrările studenţilor.

"Bună ziua. Vă rog, luaţi loc," spune profesorul. "Sunt mulţumit de eseurile voastre. Mi-a plăcut în mod special cel al lui Robert. Recunosc cu sinceritate că nu am citit o lucrare despre Dickens mai bună decât asta. O idee excelentă,

## *Justice triumphs!*

*Robert lives in the dorms. He has a lot of friends. All the students like him. But teachers know that Robert is sometimes lazy. That's why they treat Robert more strictly than other students.*

*It is Robert's first lesson is English literature today. Students carefully study Charles Dickens's work. This writer became famous with works like The 'Adventures of Oliver Twist', 'Dombey and Son', 'David Copperfield' and so on.*

*The teacher has to check homework essays today. The teacher enters the classroom. He holds the students' work in his hands.*

*"Hello. Sit down, please," the teacher says. "I am satisfied with your essays. I especially like Robert's work. I admit to you honestly that I have never read a better work about Dickens. Excellent concept,*

o exprimare competentă, un stil natural. Nici cea mai bună notă nu e suficient de bună în acest caz."

Studenții rămân cu gura căscată de uimire. Oamenii nu spun des astfel de lucruri despre Robert. Apoi profesorul vorbește și despre alte lucrări, dar nu mai laudă pe nimeni la fel. Apoi le împarte studenților lucrările.

Când trece pe lângă Robert, îi pune: "Caută-mă după curs, te rog."

Rober este surprins. După curs, merge la profesor. Ceilalți studenți au ieșit deja din sala de clasă.

"Robert, ești un băiat bun și deștept," spune profesorul. "Chiar îmi aduci aminte de mine însumi, în anumite privințe. Și eu am studiat la această facultate. Și am stat în același cămin ca tine."

Robert nu înțelege ce vrea să spună profesorul. Dar acesta se uită șiret la Robert și continuă: "Și eu am căutat teste de-ale vechilor studenți. Dar n-am copiat decât puțin din ele, cât să simt esența subiectului. Niciodată n-am copiat totul, fără să mă gândesc la consecințe, așa ca tine."

În privirea lui Robert se poate citi teama.

"Așa este, dragul meu. Nu numai că ai copiat munca altcuiva, dar ai copiat o lucrare scrisă de mine în urmă cu mult timp," continuă profesorul.

"Atunci de ce mi-ați dat cea mai mare notă, profesore?" întreabă Robert, cu sfială.

"Pentru că atunci am primit o notă mică! Și am știut întotdeauna că meritam o notă mult mai bună! Iar acum, dreptatea triumfă!!" spune profesorul, râzând bucuros.

"În timp ce copiam lucrarea dumneavoastră, am fost impresionat de nivelul de inteligență al autorului," spune Robert. "Așa că am decis să nu schimb nimic, ca să nu stric această capodoperă, profesore," spune Robert privindu-l pe profesor în ochi.

"Nu te pricepi să flatezi oameni, Robert," răspunde profesorul, uitându-se cu seriozitate la el. "Acum pleacă și ține minte că de fiecare dată

*competent writing, easy style. Even the highest mark is not enough here."*

*Students open their mouths in amazement. People don't often say things like that about Robert. Then the teacher talks about other works, but doesn't praise anybody the same way. Then he hands out the works to the students. When he passes Robert, he says to him: "Come to see me after the lesson, please."*

*Robert is surprised. He comes up to the teacher after the lesson. Students already left the classroom.*

*"Robert you're a smart and good guy," the teacher says. "You even remind me of myself in some ways. I also studied in this college. And I stayed in the same dorms as you do."*

*Robert does not understand what the teacher means. But the teacher looks at him slyly and continues: "I looked for former students' tests too. But I copied from them just a little to feel the spirit of a theme. And I never copied everything thoughtlessly as you did."*

*A fear appears in Robert's eyes.*

*"That's it, my dear. You have not only copied somebody else's work, you have copied a work written by me a long time ago," the teacher continues.*

*"Then why have you given me the highest mark, professor?" Robert asks hesitantly.*

*"Because then I got a low mark for it! And I always knew that it deserved a much better mark! And here justice triumphs now!!" the teacher laughs merrily.*

*"When I was copying your composition, I was impressed by the level of intelligence of the author," says Robert. "So I decided not to change anything to not to spoil this masterpiece, professor," Robert looks in the teacher's eyes.*

*"You flatter very poorly, Robert," the teacher answers looking seriously at*

când trişezi, o să observ cu uşurinţă, pentru că am multă experienţă. E clar?" încheie profesorul.

Robert. *"Go and remember that any time you cheat, I will spot it easily because I have had a lot of experience. Is it clear?" the teacher finishes.*

# 12

## Unde este marea?
*Where is the sea?*

## A

### Vocabular
*Words*

1. a aştepta - wait
2. a făcut un compliment - paid a compliment
3. a găsi - find
4. a mers - went
5. a recunoaşte - recognize
6. ar putea - could
7. ascultă - listens
8. bancă - bench
9. bărbat - man
10. bronzare - sunbathing
11. călătoreşte - (is) traveling
12. capăt, sfârşit - end
13. capitală - capital
14. cel/cea mai mare - biggest
15. complet - completely
16. compliment - compliment
17. conduce - leads
18. costum de baie - swimsuit
19. dă din cap afirmativ, aprobă din cap - nods
20. destul de - quite
21. diferit - different
22. direcţie - direction
23. douăzeci - twenty
24. drum - road
25. ebraică - Hebrew
26. găteşte, pregăteşte - cooks
27. hotel - hotel
28. Ierusalim - Jerusalem
29. înot - swimming
30. intersecţie - intersection
31. jumătate - half
32. mare - sea
33. marţi - Tuesday
34. masă - meal
35. mătuşă - aunt
36. noroc, succes - luck
37. oraş - town

38. pe lângă, dincolo de - past
39. piață - market
40. pierdut, rătăcit - lost
41. prosop - towel
42. sonerie - doorbell
43. stradă - street
44. sugerează, propune - suggests

45. tata - dad
46. telefon mobil - telephone
47. vecin - neighbor
48. vizitează - (is) visiting
49. weekend, sfârşit de săptămână - weekend
50. zece - ten

 **B**

## Unde este marea?

Vara aceasta, Ana, prietena lui David, se duce în Israel să îşi viziteze unchiul şi mătuşa. Numele mătuşii este Yael, iar al unchiului este Nathan. Ei au un fiu pe nume Ramy. Nathan, Yael şi Ramy locuiesc în Ierusalim. Ierusalim este capitală şi e cel mai mare oraş din Israel. Anei îi place acolo. Se duce la mare în fiecare weekend cu mătuşa şi cu unchiul ei. Anei îi place să înoate şi să se bronzeze.
Astăzi este marţi. Unchiul Nathan se duce la serviciu. Este doctor. Mătuşa Yael pregăteşte masa pentru întreaga familie. Ana vrea foarte mult să se ducă la mare, dar se teme să meargă singură. Ştie foarte bine engleză, dar nu ştie ebraică deloc. Anei îi este frică să nu se rătăcească. Aude soneria.
"E prietena ta, Nina," spune mătuşa Yael.
Ana se bucură că prietena ei a venit să o vadă. Nina locuieşte în Kiev. Acum îşi vizitează tatăl. Tatăl ei este vecinul unchiului Nathan. Nina vorbeşte engleză destul de bine.
"Hai să mergem la mare," propune Nina.
"Cum o să găsim drumul?" întreabă Ana.
"Suntem în Israel. Aproape toată lumea de aici vorbeşte engleză," răspunde Nina.
"Aşteaptă puţin, să-mi iau un costum de baie şi un prosop," spune Ana.
După zece minute, fetele pleacă de acasă. Pe stradă, un bărbat cu un copil vine spre ele.
"Scuzaţi-mă, cum putem ajunge la mare?" îl

## *Where is the sea?*

*Anna, David's friend, is traveling to Israel to visit her aunt and uncle this summer. The aunt's name is Yael, and the uncle's name is Nathan. They have a son named Ramy. Nathan, Yael and Ramy live in Jerusalem. Jerusalem is the capital and the biggest city in Israel. Anna likes it there. She go to the sea every weekend with her uncle and aunt. Anna likes swimming and sunbathing.*
*Today is Tuesday. Uncle Nathan goes to work. He is a doctor. Aunt Yael cooks a meal for the whole family. Anna wants to go to the sea very much, but she is afraid to go alone. She knows English well, but doesn't know Hebrew at all. Anna is afraid to get lost. She hears the doorbell ring.*
*"This is your friend Nina," aunt Yael says.*
*Anna is very glad that her friend came to see her. Nina lives in Kiev. She is visiting her father. Her father is uncle Nathan's neighbor. Nina speaks English well enough.*
*"Let's go to the sea," Nina suggests.*
*"How will we find our way?" Anna asks.*
*"It's Israel. Almost everybody here speaks English," Nina answers.*
*"Wait a minute, I'll take a swimsuit and a towel," Anna says. Ten minutes later the girls go outside. A man with a child walks toward them.*
*"Excuse me, how can we get to the sea?" Anna asks him in English.*

întreabă Ana în engleză.

"Fiica Mării?" întrebă bărbatul.

Ana se bucură că bărbatul îi face un compliment. Dă din cap afirmativ.

"Este destul de departe. Mergeți până la capătul străzii și apoi luați-o la dreapta. Când ajungeți la intersecție, faceți din nou dreapta. Succes," spune bărbatul.

Ana și Nina merg vreme de douăzeci de minute. Trec pe lângă o piață. Apoi pe lângă un hotel.

"Nu recunosc acest hotel. Când am mers la mare cu tata, nu l-am văzut," spune Nina.

"Hai să mai întrebăm o dată," propune Ana.

"Pe aici se ajunge la mare, nu?" întreabă Nina un vânzător într-un magazin.

"Da, Fiica Mării," confirmă vânzătorul.

"E foarte ciudat. Ne-au făcut același compliment, și mie, și ție, de două ori," îi spune Ana Ninei.

Fetele sunt surprinse. Continuă să meargă încă o jumătate de oră.

"Mi se pare că am mai fost pe o stradă cu același nume," spune Ana.

"Da, dar aici casele arată complet diferit," răspunde Nina.

"Ați putea să ne spuneți cât durează să ajungem la mare?" întreabă Nina o femeie cu un câine.

"Fiica Mării?" întreabă femeia.

Nina e surprinsă. Nu a mai primit niciodată complimente din partea femeilor. Nina aprobă din cap.

"Ați ajuns deja," spune femeia și pleacă mai departe.

Ana și Nina se uită împrejur. Pe dreapta erau case. Pe stânga era strada.

"Unde e marea?" întrebă Ana.

Nina nu răspunde. Își scoate telefonul și îl sună pe tatăl ei. Acesta o roagă pe Nina să-i spună toată povestea. Fata îi povestește totul, apoi îl ascultă pe tatăl ei și râde.

"Ana, tata spune că am ajuns în alt oraș. Se pare că nimeni nu ne făcea niciun

"Daughter of the sea?" the man asks. Anna is glad that the man pays a compliment to her. She nods her head.

"It is quite far away. Go to the end of the street then turn to the right. When you get to the intersection, turn to the right again. Good luck," the man says.

Anna and Nina walk for twenty minutes. They pass a market. Then they go past a hotel.

"I don't recognize this hotel. When we went to the sea with my dad, I didn't see it," Nina says.

"Let's ask for directions again," Anna suggests.

"This way leads to the sea, doesn't it?" Nina asks a shop salesman.

"Yes, Daughter of the Sea," the salesman nods.

"It is very strange. They have paid you and me the same compliment two times today," Anna says to Nina. The girls are surprised. They walk on along the road for half an hour.

"It seems to me that we have already been on a street with the same name," Anna says.

"Yes, but the houses around look completely different," Nina answers.

"Could you tell us, how long does it take to walk from here to the sea?" Nina asks a woman with a dog.

"Daughter of the sea?" the woman asks. Nina is surprised. Women have never paid her compliments before. She nods.

"You're already here," the woman says and goes on. Anna and Nina look around. There are some houses on the right. There is a road on the left.

"Where is the sea here?" Anna asks. Nina doesn't answer. She takes out her telephone and calls her father. The father asks Nina to tell him all the story. The girl tells him everything, then listens to her father and laughs.

"Anna, my father says that we got to another city. It turns out that nobody paid us any

compliment. Credeau că vrem să mergem într-un orăşel numit Fiica Mării. Bat Yam, în ebraică," spune Nina.
Acum râde şi Ana. Fetele merg într-un parc şi se aşează pe o bancă. O oră mai târziu ajunge şi tatăl Ninei şi le duce la mare.

*compliments. They thought that we were going to a small town, named Daughter of the Sea. It is Bat Yam in Hebrew," Nina says. Now Anna laughs, too. The girls go to a park and sit down on a bench. Nina's father arrives in an hour and takes them to the sea.*

# O treabă uşoară
*A small job*

**A**

## Vocabular
*Words*

1. a bea - drink
2. a câştiga - earn
3. a cincea - fifth
4. a fi atent - pay attention
5. a muşca - bite
6. a muşcat - bit
7. a patra - fourth
8. a pune - put
9. al doilea/a doua - second
10. al treilea/a treia - third
11. aleatoriu, la întâmplare - random
12. amuzant, haios - funny
13. angajat - employee
14. bani - money
15. capricios - capricious
16. crocodil - crocodile
17. curajos - brave
18. dintr-o dată - at once
19. examen - exam
20. expoziţie - exhibition
21. fiecare - each
22. important - important
23. în loc să/de, în schimb - instead
24. în timp ce - during
25. încurcat, amestecat - mixed up
26. lucru, chestie - thing
27. mai uşor - easier
28. minge - ball
29. ocupat - busy
30. paznic, gardian, a sta de pază/de gardă - guard
31. problemă, chestiune - matter
32. rău - bad
33. sarcină - task
34. scapă - drops
35. şiret, viclean - sly

# B

## O treabă uşoară

Un lucru amuzant i s-a întâmplat lui Robert vara aceasta. Uitaţi ce: Robert s-a gândit să câştige nişte bani lucrând ca paznic pe timpul verii. Avea de păzit o expoziţie de pisici. Odată, lui Robert i s-a dat o sarcină importantă: trebuia să pună pisicile în cuşti. De asemenea, trebuia să scrie numele pe cuşca fiecărei pisici.

"În regulă," spune Robert. "Care sunt numele acestor pisici minunate?"

"Motanul din stânga este Tom, lângă el este Jerry, Mickey este în spate, Snickers şi Baron sunt în dreapta," îi explică un angajat al expoziţiei.

Apoi pleacă toţi şi Robert rămâne singur cu pisicile. Vrea să bea nişte ceai. În timp ce bea ceaiul, se uită la pisici. Prima tocmai se spală. A doua se uită pe geam. A treia şi a patra se plimbă prin cameră. Şi a cincea se apropie de Robert. Dintr-o dată, îl muşcă de picior. Robert scapă ceaşca - îl doare tare piciorul.

"Eşti o pisică rea, foarte rea!" strigă el. "Nu eşti o pisică. Eşti un adevărat crocodil! Nu poţi să faci aşa ceva. Eşti Tom sau Jerry? Nu, eşti Mickey! Sau Snickers! Sau poate Baron?"

Apoi, brusc, Robert îşi dă seama că încurcă pisicile. Nu mai ştie numele lor şi nu mai poate pune fiecare pisică în cuşca potrivită.

Robert începe să le strige pe pisici pe nume. "Tom! Jerry! Mickey! Snickers, Baron!" dar pisicile nu-i acordă atenţie deloc.

Sunt în lumea lor. Două pisici se joacă cu o minge. O alta tocmai ce bea apă. Iar celelalte tocmai mănâncă ceva. Cum să-şi amintească numele pisicilor acum? Mai ales că nu este nimeni care să-l ajute. Toată lumea plecase deja acasă. Apoi, Robert strigă: "Pis, pis pis!" Toate pisicile se întorc spre Robert în acelaşi timp. Ce e de făcut acum? Toate pisicile se

## A small job

*A funny thing happened to Robert in the summer. Here is what happened. Robert decided to earn some money as a guard during the summer. He guarded an exhibition of cats. Once an important task was given to Robert. He had to put the cats into cages. He also had to write a cat's name on each of the cage.*

*"OK," Robert says. "What are the names of these fine cats?"*

*"The cat on the left is Tom, the next one is Jerry, Mickey is in the back, Snickers and Baron are on the right," an employee of the exhibition explains to him. Everybody goes away and Robert stays alone with the cats. He wants to drink some tea. He drinks tea and looks at the cats. The first cat is cleaning itself. The second one is looking out the window. The third and fourth are walking around the room. And the fifth cat approaches Robert. Suddenly it bites him on the leg. Robert drops the cup. His leg hurts badly.*

*"You're a bad cat, very bad!" he cries. "You aren't a cat. You're a true crocodile! You can't do that. Are you Tom or Jerry? No, you're Mickey! Or Snickers? Or maybe Baron?" then suddenly Robert realizes that he mixed up the cats. He doesn't know the cats' names and cannot put each cat into its own cage. Robert begins to call out the cats' names.*

*"Tom! Jerry! Mickey! Snickers, Baron!" but the cats pay no attention to him. They are busy with their own matters. Two cats are playing with a ball. Another one is drinking water. And the others went to have some food. How can he remember the cats' names now? And there is nobody to help Robert. Everybody went home already. Then Robert*

uită la Robert, apoi se întorc şi se aşează lângă fereastră. Stau şi se uită pe geam. Stau toate acolo, iar lui Robert nu-i era deloc limpede cum le cheamă. Nu îi trece prin cap nicio soluţie. Pare mai simplu să treci un examen decât să ghiceşti numele fiecărei pisici.

Robert decide apoi să pună fiecare pisică în câte o cuşcă, la întâmplare. În loc de numele lor, scrie pe cuşti următoarele: Drăguţă, Curajoasă, Şireată, Capricioasă. Dar pentru a cincea pisică, cea care l-a muşcat, Robert scrie: "Atenţie! Pisica muşcă."

*calls out "Kitty kitty!" All the cats turn to once to Robert. What to do now? All the cats look at Robert then turn away and sit down by the window. They sit and look out of the window.*

*They all sit there, and it isn't clear what their names are. Robert can't think of anything. It is easier to pass an exam than to guess the name of each cat.*

*Then Robert decides to put each cat in a random cage. Here is what he writes on the cages instead of the names - Pretty, Brave, Sly, Capricious. Robert names the fifth cat, the one that bit him, this way: "Caution! Biting cat."*

# 14

## Stai!
*Hold!*

## A

### Vocabular
*Words*

1. a (se) grăbi, grabă - hurry
2. a întreba - ask
3. a pierde - lose
4. a rămâne - remain
5. a reține, a prinde - detain
6. antrenat, în formă - trained
7. bucuros, fericit - happily
8. care se îndepărtează, îndepărtându-se - departing
9. cu grijă, atent - careful
10. de primă clasă - top-notch
11. depășește - overtakes
12. direct - straight
13. doamnă - Madam
14. domeniu - field
15. ediție - issue
16. este la reparat - (is) being repaired
17. glumă - joke
18. interes, curiozitate - interest
19. mai departe - further
20. metrou - subway
21. miercuri - Wednesday
22. patru - four
23. petrece, cheltuie - spends
24. piscină, bazin de înot - swimming pool
25. polițist - policeman
26. profesionist - professional
27. public - public
28. reviste - magazines
29. salariu - salary
30. șofer - driver
31. strâns - tight
32. strigă - shouts
33. ticălos - scoundrel
34. ține - (is) holding
35. transport - transportation
36. uși - doors
37. vineri - Friday
38. ziar - newspaper

# B

## Stai!

David studiază la facultate. De obicei, David merge la facultate cu propria maşină. Dar acum, maşina lui este la reparat. Aşa că David merge la facultate cu mijloacele de transport public - mai întâi cu autobuzul, apoi cu metroul. După cursuri, David se duce cu prietenii la o cafenea să ia prânzul. În timp ce iau prânzul, prietenii povestesc, glumesc şi iau o pauză de la cursuri. Apoi, David merge la bibliotecă şi petrece patru ore acolo. Îşi termină sarcinile pentru şcoală şi citeşte cărţi şi reviste noi din domeniul său. David este atent şi învaţă bine. Vrea să devină un specialist de primă mână şi să câştige un salariu bun. Miercurea şi vinerea, David pleacă cu două ore mai devreme de la bibliotecă şi merge la bazinul de înot. Nu vrea să fie doar specialist, ci şi un bărbat bine antrenat. Seara, David se întâlneşte cu prietenii sau se duce direct acasă.

Astăzi, în drum spre casă, îşi cumpără ultima ediţie a ziarului şi se duce la metrou. Când iese din pasajul subteran, David observă că autobuzul era deja în staţie. Îşi dă seama că a întârziat şi nu va prinde acest autobuz. Observă o femeie bătrână care aleargă spre autobuz şi începe şi el să alerge. Depăşeşte femeia şi aleargă mai departe. Femeia îşi dă seama că şi ea e în mare întârziere. Nu vrea să piardă timpul aşteptând autobuzul următor. Îi strigă lui David: "Opreşte-l!"

Femeia vrea ca David să îl roage pe şofer să mai aştepte câteva secunde.

Nu departe de autobuz este un poliţist. O aude pe femeie strigând şi crede că trebuie să îl reţină pe bărbatul după care alerga femeia. Îl prinde pe David, ţinându-l strâns. Femeia aleargă spre autobuz.

"Doamnă, l-am prins pe ticălos!" spune

## Hold!

*David studies at college. David usually drives to college in his own car. But now his car is being repaired. So David goes to college on public transportation - first by bus, then by subway. After lectures David goes with his friends to a café to have lunch. While they are having lunch, the friends talk, joke and have a rest from the lessons. Then David goes to the library and spends four hours there. He finishes some assignments, reads new books and magazines in his field. David is careful and studies well. He wants to be a top-notch professional and earn a good salary. On Wednesday and Friday David leaves the library two hours earlier and goes to the swimming pool. David wants to be not just a good professional, but a well trained man too. In the evening David meets his friends or goes straight home.*

*Today, on the way home, he buys the last issue of the newspaper and goes down into the subway. David comes out of the subway and sees that his bus is already at the bus stop. He realizes that he is late for this bus. He sees an old woman running to the bus. David starts to run too. He overtakes the woman and runs further. The woman sees that she is late, too. She doesn't want to lose time and wait for the next bus. She shouts to David: "Hold it!" The woman wants David to ask the driver to hold the bus for a few seconds. There is a policeman not far from the bus. He hears what the woman shouts. The policeman thinks that he has to detain the man the woman is running after. He catches David and holds him tight. The woman runs up to the bus.*

*"Madam, I am holding this scoundrel!" the policeman says. The woman looks at the*

polițistul.
Femeia se uită la polițist cu uimire și spune:
"Dați-vă la o parte, vă rog! Mă grăbesc!"
Se urcă fericită în autobuz, iar ușile se închid.
David și polițistul rămân în stație, iar femeia
îi privește curioasă de la fereastra autobuzului
care se îndepărta.

policeman with amazement and says: "Get
out of the way, please! I'm in hurry!"
She happily gets on bus and the doors close.
David and the policeman remain at the bus
stop. And the woman looks at them with
interest from the window of the departing bus.

48

# 15

## Un cadou minunat
### *A wonderful present*

## A

### Vocabular
*Words*

1. a ajunge la, a se întinde spre - reach
2. a se ruga - pray
3. aproape, lângă - near
4. ascultă - (is) listening
5. Biblie - Bible
6. brațe - arms
7. bucuros, cu bucurie - joyfully
8. cinci - five
9. citește - (is) reading
10. conduce - (is) driving
11. Crăciun - Christmas
12. grădiniță - kindergarten
13. încearcă - tries
14. întuneric - dark
15. leagă - ties
16. mai jos - lower
17. masă - table

18. minunat - wonderful
19. motor - engine
20. ninge - (is) snowing
21. oferă, dă - (is) giving
22. pe vârfurile picioarelor, tiptil - tiptoe
23. peștișor auriu - goldfish
24. pictură, să picteze - painting
25. portbagaj - trunk
26. răspunde - replies
27. rupe, sfâșie - rips
28. se apleacă - bows
29. se ridică în picioare - stands
30. (se) îndoaie - bends
31. separat, la distanță - apart (a rupe, a sfâșia - rip apart)
32. Sfânt - Saint
33. sfoară, frânghie - rope

34. sună - rings
35. țipă, plânge, strigă - (is) crying
36. torcând - purring
37. trage - pulls

38. ușor - gently
39. visând, să viseze - dreaming
40. zboară - flies

# B

## Un cadou minunat

Tina este vecină cu David și Nancy. Este o fetiță mică. Tina are cinci ani și merge la grădiniță. Tinei îi place să picteze. Este o fetiță ascultătoare.

Se apropie Crăciunul și Tina așteaptă cadourile. Vrea un acvariu cu peștișori aurii. "Mami, aș vrea niște peștișori aurii de Crăciun," îi spune Tina mamei sale.

"Roagă-te Sfântului Nicolae. El întotdeauna le aduce cadouri copiilor cuminți," răspunde mama ei.

Tina se uită pe fereastră. Afară e întuneric și ninge. Tina închide ochii și începe să viseze la acvariul cu peștișori aurii.

Prin fața casei trece o mașină. Se oprește lângă casa următoare. La volan e David. El locuiește în casa vecină. Parchează mașina, coboară din ea și merge spre casă. Dintr-o dată, vede o pisică ce stă într-un copac și miaună tare.

"Coboară! Pis pis!" spune David.

Dar pisica nu se mișcă. "Ce ar trebui să fac?" se întreabă David.

"Știu cum să te fac să cobori," spune el. Deschide portbagajul și de acolo scoate o sfoară lungă. Apoi leagă sfoara de ramura pe care stă pisica. Celălalt capăt al sforii îl leagă de mașină.

David intră în mașină, pornește motorul și înaintează puțin. Ramura se îndoaie și se apleacă. David se întoarce la copac și încearcă să ajungă la pisicuță.

Aproape că ajunge la ea. David trage ușor de sfoară cu mâna și ramura se apleacă și mai

## A wonderful present

*Tina is David's and Nancy's neighbor. She is a little girl. Tina is five years old. She goes to kindergarten. Tina likes painting. She is an obedient girl. Christmas is coming and Tina is waiting for the presents. She wants an aquarium with goldfish.*

*"Mom, I would like goldfish for Christmas," Tina says to her mom.*

*"Pray to St. Nicholas. He always brings good children presents," her mom replies.*

*Tina looks out the window. It is dark outside and it is snowing. Tina closes her eyes and starts dreaming about the aquarium with goldfish.*

*A car goes past the house. It stops near the next house. David is driving. He lives in the next house. He parks the car, gets out of it and goes home. Suddenly he sees that a kitten is sitting in a tree and crying loudly.*

*"Get down! Kitty kitty!" David says. But the kitten does not move. "What shall I do?" David thinks.*

*"I know how to make you get down," David says. He opens the trunk and takes out a long rope. Then he ties the rope to a branch that the kitten is sitting on. The other end of the rope he ties to the car. David gets in the car, starts the engine and drives a little way off. The branch bends and bows lower. David comes up to the branch and tries to reach the kitten. He almost reaches it. David pulls the rope slightly with his hand and the branch bows even lower. David stands on tiptoe and holds out his hand. But at this moment the*

mult. David se ridică pe vârfuri şi întinde mâna. Dar în acel moment, sfoara se rupe, iar pisicuţa zboară în direcţia opusă.

"O-oh!" exclamă David.

Pisicuţa zboară până la casa următoare, unde locuieşte Tina. David aleargă după pisicuţă. În acest timp, Tina stă la masă cu mama ei. Mama citeşte din Biblie, iar Tina o ascultă cu atenţie. Dintr-o dată, pisicuţa zboară pe geam. Tina strigă surprinsă: "Uite, mamă! Sfântul Nicolae îmi face cadou o pisicuţă!" strigă Tina bucuroasă. Ia pisicuţa în braţe şi o mângâie uşor.

Sună soneria. Mama deschide uşa. La uşă este David.

"Bună seara! Este la dumneavoastră pisicuţa?" o întreabă David pe mama Tinei.

"Da, este aici," răspunde Tina.

Pisicuţa e în braţele ei şi toarce. David observă că fetiţa e foarte bucuroasă.

"Foarte bine, atunci. Şi-a găsit un cămin," spune David zâmbind şi pleacă înapoi acasă.

rope rips apart and the kitten flies off to another side.

"Uh-oh!" David cries. The kitten flies to the next house, where Tina lives. David runs after the kitten.

At this time Tina is sitting with her mom at the table. The mom is reading the Bible and Tina is listening attentively. Suddenly the kitten flies in through the window. Tina shouts in surprise.

"Look, mom! Saint Nicolas is giving me a kitten!" Tina cries joyfully. She takes the kitten in her hands and pets it gently. The doorbell rings. The mom opens the door. David is at the door.

"Good evening! Is the kitten at your place?" David asks Tina's mom.

"Yes, it is here," Tina replies. The kitten is sitting in her arms and purring. David sees that the girl is very glad.

"Very well. It has found its home then," David smiles and goes back home.

# 16

## Declarații în plic
*Confessions in an envelope*

## A

### Vocabular
*Words*

1. a dispera, disperare - despair
2. a împacheta - pack
3. a înțeles, și-a dat seama - understood
4. a primi - receive
5. a reacționa - react
6. a sfătui - advise
7. a ucide - kill
8. a zbura - fly
9. admiră - admires
10. apucă, prinde - grabs
11. așa de, atât de - such
12. avion - plane
13. bilet - ticket
14. cafea - coffee
15. cărți poștale, vederi - postcards
16. catedrală - cathedral
17. cel mai mare (ca vârstă) - oldest
18. centru - centre
19. clădiri - buildings
20. colorat - colorful
21. compune - composes
22. conversație, discuți - chat
23. cu afaceri - on business
24. cumpărat - bought
25. curier - courier
26. declarație, mărturisire - confession
27. divers - various
28. dragoste, iubire - love
29. dur - harshly
30. e păcat - it's a pity
31. el însuși - himself
32. e-mail - e-mail
33. emoție, pasiune - passion
34. fani - fans
35. forum - forum
36. frumos - beautiful
37. furios, nervos - angry
38. gata, pregătit - ready
39. gustare - snack
40. impresii - impressions
41. în mod cert, sigur - certainly
42. încântat, fermecat - charmed
43. încântător, fermecător - charming
44. început, începând - beginning

45. închide telefonul - hangs up
46. indiferent - indifferent
47. îngrozitor - awful
48. însoţeşte - accompanies
49. întâlnire - meeting
50. întâmpină, salută - greets
51. Internet - Internet
52. învinovăţire - scolding
53. invită - invites
54. iulie - July
55. local - local
56. mediu înconjurător - environment
57. modern - modern
58. oraş natal - hometown
59. persoană - person
60. plecat, dispărut - gone
61. plic - envelope
62. poezie - poetry
63. poezii - poems
64. posibil - possible
65. potrivit - suitable
66. prânz - noon
67. primit - gotten
68. privelişti, atracţii turistice - sights

69. pur şi simplu, în mod simplu, doar - simply
70. rece, cu răceală, indiferent - coldly
71. recomandă - recommends
72. romantic - romantic
73. roşind - blushing
74. roşu - red
75. scrisoare - letter
76. se poartă, se comportă - behaves
77. sentimente - feelings
78. sigilează - seals
79. sosire - arrival
80. strălucitor, luminos - bright
81. stupid, prost - stupid
82. teribil - terribly
83. timid -
84. timid, cu timiditate - shy, shyly
85. trimite - send
86. uimitor - amazing
87. vacanţă - vacation
88. valiză, bagaj - suitcase
89. vechi, antic - ancient
90. vorbise - spoke
91. zbor - flight
92. zori - daybreak

# B

## Declaraţii în plic

Robert este interesat de poezia modernă. Petrece mult timp pe Internet, în fiecare zi. Adesea intră pe diverse forumuri şi chat-uri pentru iubitorii de poezie. Pe Elena a cunoscut-o pe un forum al iubitorilor de poezie. Şi ei îi place poezia. Scrie poezii frumoase.
Robert îi admiră poeziile. Dar îi place foarte mult şi de Elena. Ea este studentă. Păcat că locuieşte în alt oraş. Cei doi vorbesc pe Internet în fiecare zi, dar nu s-au văzut niciodată. Robert visează să o întâlnească pe Elena.

## Confessions in an envelope

*Robert is interested in modern poetry. He spends a lot of time on the Internet every day. He often visits various poetry forums and chats there. He meets Elena at a forum of poetry fans. She likes poetry, too. She writes good poems. Robert admires her poems. And he likes Elena very much, too. She is a student. It is a pity she lives in another city. They chat on the Internet every day, but they have never seen each other. Robert dreams of meeting Elena.*
*One day Elena writes him that she wants to go to some other city on vacation. She says*

Într-o zi, Elena îi scrie că vrea să meargă în vacanță în alt oraș. Zice că vrea să-și schimbe mediul înconjurător și să vadă locuri noi. Robert o invită cu plăcere, iar Elena acceptă. Sosește la începutul lui iulie și stă la un hotel. Robert este fermecat de ea. Într-adevăr, Elena este o fată fermecătoare. În ziua în care sosește, Robert îi arată atracțiile turistice locale.

"Aceasta este cea mai veche catedrală din oraș. Îmi place să vin aici," spune Robert.

"Oh, este uimitor aici!" răspunde Elena.

"În orașul tău natal sunt locuri interesante?" întreabă Robert. "Sora mea, Gabi, va merge acolo cu avionul, peste câteva zile, cu afaceri. Te roagă să o sfătuiești ce ar putea să viziteze acolo," spune el.

"Centrul orașului este foarte frumos," recomandă Elena. "Sunt multe clădiri vechi acolo. Dar dacă vrea o gustare, n-ar trebui să meargă la cafeneaua 'Big Bill'. Cafeaua de acolo e groaznică!"

"O să-i spun, cu siguranță," spune Robert râzând.

Seara, Robert o însoțește pe Elena până la hotel. Apoi, tot drumul spre casă se gândește la ce ar trebui să facă. Ar vrea să-i spună Elenei despre sentimentele sale, dar nu știe cum să facă asta. Se poartă cu el ca și cu un prieten și nu știe cum va reacționa la mărturisirea lui. Se simte timid în preajma ei. De aceea, se decide în cele din urmă să îi scrie o declarație de dragoste într-o scrisoare. Dar nu vrea să-i trimită scrisoarea prin e-mail. I se pare că nu s-ar cuveni în cazul unei fete așa romantice ca Elena. Nu departe de casă, într-un magazin, vede cărți poștale și plicuri colorate. Lui Robert îi plac plicurile roșii, strălucitoare, și cumpără unul. Speră să îi placă și Elenei. Seara, se întoarce acasă și sora lui Robert, Gabi.

"Ei bine, îți place de Elena?" întreabă ea.

"Da, este o fată fermecătoare," răspunde Robert.

she wants to change the environment and to get new impressions. Robert invites her with pleasure. Elena agrees.

She arrives in the beginning of July and stays at a hotel. Robert is charmed by her. Elena is really a charming girl. On the day of her arrival Robert shows her the local sights.

"This is the oldest cathedral in the city. I like to come here," Robert says.

"Oh, it is just amazing here!" Elena replies.

"Are there any interesting places in your hometown?" Robert asks. "My sister Gabi is going to fly there in a few days on business. She asks you to advise her where she can go there," he says.

"The centre of the city is very beautiful," Elena recommends. "There are a lot of ancient buildings there. But if she wants to have a snack, she should not go to the coffee house 'Big Bill'. The coffee is awful there!"

"I'll certainly tell her," Robert laughs.

In the evening Robert accompanies Elena on the way to the hotel. Then all the way home he thinks about what he should do. He wants to tell Elena about his feelings, but doesn't know how to do this. She behaves with him as with a friend, and he doesn't know how she would react to his confession. He feels shy with her. That is why he finally decides to write her a confession of his love in a letter. But he doesn't want to send the letter by e-mail. It seems to him not to be suitable for such a romantic girl as Elena. He sees postcards and colorful envelopes in a shop not far from home. Robert likes bright red envelopes and he buys one. He hopes that Elena will like it, too. Robert's sister Gabi came in the evening.

"Well, do you like Elena?" she asks.

"Yes, she is a very charming girl," Robert answers.

"I'm glad to hear it. I'll fly to her city tomorrow at noon. I've already bought a ticket," Gabi continues.

"Mă bucur să aud asta. Mâine la prânz iau avionul spre oraşul ei. Deja mi-am cumpărat bilet," continuă Gabi.

"Te sfătuieşte să vizitezi centrul oraşului," zice Robert.

"În regulă. Mulţumeşte-i pentru sfat, te rog," răspunde Gabi.

Robert stă toată noaptea la masă în sufragerie şi compune scrisoarea de dragoste pentru Elena. Îi scrie o declaraţie lungă de dragoste. În zori, sigilează scrisoarea în plicul roşu şi o lasă pe masă. Dimineaţa, sună un curier şi îi dă scrisoarea. Vrea ca Elena să primească declaraţia lui cât de curând posibil. Robert îşi face multe griji aşa că iese la plimbare.

O oră mai târziu, o sună pe Elena.

"Bună dimineaţa, Lena," o salută el.

"Bună dimineaţa, Robert," îi răspunde ea.

"Ai primit scrisoarea mea deja?" întreabă el, roşind.

"Da, am primit-o," răspunde ea pe un ton rece.

"Poate ne întâlnim să facem o plimbare..." spune el, timid.

"Nu, trebuie să îmi fac bagajul. Deja sunt aşteptată acasă," spune ea dur şi închide telefonul. Robert e, pur şi simplu, disperat. Nu ştie ce să facă. Începe să se învinovăţească pentru faptul că a scris scrisoarea. Chiar în acel moment, îl sună sora lui. E incredibil de nervoasă.

"Robert, unde este biletul meu de avion? L-am lăsat pe masă în sufragerie! Era într-un plic roşu. Dar acum nu mai e! E doar o scrisoare în plic! Ce-i cu gluma asta proastă?!" strigă Gabi. Lui Robert nu-i vine să creadă. Acum înţelege totul. Elena a primit de la curier biletul pentru zborul spre casă, iar ea a înţeles că Robert nu o place şi că vrea să plece.

"Robert, de ce nu zici nimic?" spune Gabi furioasă. "Unde este biletul meu?"

Robert îşi dă seama că, astăzi, două femei sunt gata să-l ucidă, în acelaşi timp. Dar e fericit că Elena nu este indiferentă faţă de el. Cu câtă pasiune i-a vorbit! Şi ea are sentimente pentru

*"She advises you to visit the center of the city," Robert says.*

*"Okay. Thank her for the advice, please," Gabi replies.*

*Robert sits at the table in a living room and composes a love confession to Elena all night. He writes her a long love confession. He seals the letter into the red envelope at daybreak and leaves it on the table. He calls a courier in the morning and gives him the letter. He wants Elena to receive his love confession as soon as possible. Robert is very worried so he goes out for a walk. He calls Elena an hour later.*

*"Good morning, Lena," he greets her.*

*"Good morning, Robert," she answers him.*

*"Have you already gotten my letter?" he asks, blushing.*

*"Yes, I have," she says coldly.*

*"Maybe let's meet and take a walk..." he says shyly.*

*"No. I need to pack the suitcase. They are already waiting for me at home," she says harshly and hangs up. Robert is simply in despair. He doesn't know what to do. He begins scolding himself for having written the love confession. At this moment his sister calls him. She is terribly angry.*

*"Robert, where is my plane ticket? I left it on the table in the living room! It was in a red envelope. But now it's gone! There is a letter there! What's the stupid joke?!" Gabi cries. Robert can't believe it. Everything is clear to him now. Elena has received a ticket for today's flight to her city from the courier. She decided that Robert doesn't like her and he wants her to leave.*

*"Robert, why are you silent?" Gabi is angry. "Where is my ticket?"*

*Robert understood that today two women at once are ready to kill him. But he is happy that Elena is not indifferent towards him. With what passion she spoke to him! She has feelings towards him, too! He joyfully runs*

el! Aşa că aleargă bucuros acasă, ia scrisoarea de dragoste de pe masă şi aleargă la Elena să i-o citească personal.

home, grabs the love confession from the table and runs to Elena to read it to her in person.

# 17

# Specialitatea casei
*A specialty of the house*

**A**

## Vocabular
*Words*

1. a avertiza - warn
2. a început - began
3. a încerca din greu , a se strădui - try hard
4. a înveli , a împacheta - wrap
5. a prăji - fry
6. adus - brought
7. apetisant - appetizing
8. complicat - complicated
9. cuptor - oven
10. delicios - delicious
11. drăguț - pretty
12. folie - foil
13. ieşind - sticking out
14. împerechere - mating
15. în spate - behind
16. întrerupe - interrupts

17. leşinat - fainted
18. minute - minutes
19. oameni - people
20. pachet - packet
21. picioare - legs
22. picnic - picnic
23. pui - chicken
24. rece - cold
25. scund , mic - short
26. specialitate - specialty
27. stropeşte - splashes
28. surprins , cu ochi mari - wide-eyed
29. telefon , a telefona - phone
30. teribil , groaznic - terrible
31. urgent - urgently
32. zgomot - noise

# B

## Specialitatea casei

Gabi găteşte o mâncare foarte bună de pui cu legume. Este specialitatea ei. Într-o zi, Robert o roagă să-i gătească această mâncare delicioasă. Robert va merge la picnic cu prietenii lui. Vrea să îşi surprindă prietenii în mod plăcut cu o mâncare gustoasă. Vrea ca Gabi să nu prăjească puiul, ci să-l gătească în cuptor. Dar Gabi îi propune să îl prăjească repede, pentru că nu are suficient timp. Robert e de acord.

"Gabi, nu pot să vin să iau puiul la timp," îi spune Robert. "O să vină Elena la tine să ia puiul, bine?"

"În regulă," spune Gabi, "o să i-l dau Elenei." Gabi se străduieşte să gătească bine puiul cu legume. E o mâncare destul de complicată, dar Gabi este o bucătăreasă excelentă. În cele din urmă, puiul e gata. Arată foarte apetisant. Gabi se uită la ceas. Elena ar trebui să ajungă în curând. Însă, chiar atunci, Gabi este sunată de la locul de muncă. Astăzi era ziua ei liberă, dar cei de la serviciu o roagă să vină puţin pentru o chestiune importanta. Trebuia să plece urgent. Acasă mai erau o bonă bătrână şi un copil. Bona a început de abia recent să lucreze pentru ei.

"Trebuie să ies puţin, cu afaceri," îi spune Gabi bonei. "Peste zece minute o să vină o tânără să ia puiul. Dar a început să se răcească. Va trebui să-l împachetaţi în folie şi să i-l daţi tinerei. În regulă?" întreabă ea.

"Nu vă faceţi griji, Gabi. Voi face exact cum spuneţi."

"Mulţumesc," îi spune Gabi bonei şi pleacă la muncă. Peste zece minute soseşte o tânără.

"Bună ziua, am venit să ..." spune ea.

"Ştiu, ştiu," o întrerupe bona, "deja l-am prăjit."

"L-aţi prăjit?" spune fata holbându-se cu ochi

## A specialty of the house

*Gabi cooks a very fine chicken with vegetables. It is her specialty dish. One day Robert asks her to cook him this delicious dish. Robert is going on a picnic with his friends. He wants to please his friends with a tasty dish. He wants Gabi not to fry chicken, but to cook it in an oven. But Gabi offers him to quickly fry it because she hasn't enough time. Robert agrees to it.*

*"Gabi, I don't have time to come and take the chicken on time," Robert says to her. "Elena will come and will take the chicken. Okay?"*

*"Okay," Gabi says. "I'll give it to Elena."*
*Gabi tries hard to cook the chicken with vegetables well. It is a pretty complicated dish. But Gabi is an excellent cook. Finally, the chicken is ready. The dish looks very appetizing. Gabi looks at the watch. Elena should come soon. But suddenly they phone Gabi from work. Today Gabi has a day off, but people at work ask her to come for a short time because of some important issue. She should go urgently. There is also an old nanny and a child at home. The nanny began working for them not long ago.*

*"I need to go for a short time on business,"* *Gabi says to the nanny. "A girl will come for the chicken in ten minutes. The chicken is getting cold now. You will have to wrap it in foil and give it to the girl. Okay?" she asks.*

*"Okay," the nanny replies. "Do not worry, Gabi, I'll do it as you say."*

*"Thank you!" Gabi thanks the nanny and quickly leaves on business. The girl comes in ten minutes.*

*"Hello. I came to take.." she says.*

*"I know, I know," the nanny interrupts her. "We have already fried it."*

*"You fried it?" the girl stares wide-eyed at the*

mari la bonă.

"Ştiu că nu-l vroiaţi prăjit. Dar nu vă faceţi griji, l-am gătit bine. A ieşit foarte gustos! Am să vi-l împachetez!" spune bona şi merge în bucătărie. Tânăra o urmează pe bonă încet în bucătărie.

"De ce l-aţi prăjit?" întreabă tânăra din nou.

"Ştiu că nu aţi vrut să fie gătit aşa. Dar nu vă faceţi griji," răspunde bona, "e chiar gustos, o să vă placă."

Tânăra o observă pe bătrână împachetând ceva prăjit, la care îi atârnau picioarele afară. Brusc, bătrâna aude un zgomot şi se întoarce. Vede că tânăra a leşinat.

"Oh, ce groaznic!" exclamă bătrâna. "Ce mă fac acum?" O stropeşte pe tânără cu apă, iar, încet, tânăra îşi revine. Chiar în acel moment, Gabi se întoarce acasă.

"Oh, am uitat să vă previn," îi spune Gabi bonei, "aceasta e prietena mea care a venit să-şi ia înapoi pisica. A adus-o la motanul nostru pentru împerechere. Dar ce s-a întâmplat aici?"

nanny.

"I know that you didn't want to fry it. But don't worry, we've fried it well. It turned out very tasty! I'll pack it for you," the nanny says and goes to the kitchen. The girl slowly goes to the kitchen behind the nanny.

"Why did you fry it?" the girl asks again.

"I know that you didn't want it that way. But do not worry," the nanny answers. "It is really tasty. You will be glad."

The girl sees that the old woman wraps in a packet something fried, with its legs sticking out. Suddenly the old woman hears a noise and turns around. She sees that the girl has fainted.

"Oh, how terrible!" the old woman cries. "What shall I do now?" She splashes some water on the girl, and the girl slowly comes to. At this moment Gabi comes back home.

"Oh, I forgot to warn you," Gabi says to the nanny. "This is my friend who came to take back her cat. She brought it to our cat for mating. And what happened here?"

# 18

## Lalele și mere
*Tulips and apples*

### A

### Vocabular
*Words*

1. a atârna - hang
2. a demonstra - prove
3. a discuta - discuss
4. a înflori - blossom
5. a rezolva - resolve
6. a rupe - break
7. a scris - wrote
8. aparține - belongs
9. articole - articles
10. caiete - notebooks
11. crește - grows
12. cu entuziasm - enthusiastically
13. curte - court
14. detaliu - detail
15. dispută - dispute
16. favorit, preferat - favorite
17. gard - fence
18. în vârstă - elderly
19. incorect, fals - incorrect
20. interesat - interested
21. judecată, bun-simț - common sense
22. judecător - judge
23. jurisprudență - jurisprudence
24. lalele - tulips
25. legi - laws
26. măr - apple
27. părere, opinie, punct, moment - opinion, point
28. peste - over
29. primăvară - spring
30. ramuri - branches
31. să studieze - studying
32. scutură - shakes
33. separat - separated

34. simplu - simple
35. simț - sense
36. soluție - solution

37. strat de flori - flowerbed
38. strict - strict
39. uimire, mirare - astonishment

 # B

## Lalele și mere

Lui Robert îi place să studieze. Iar unul dintre subiectele lui preferate este jurisprudența. Profesorul de jurisprudență e în vârstă. Este foarte sever și adesea dă sarcini dificile studenților. Într-o zi, profesorul decide să le dea un test. Le dă o temă interesantă, despre doi vecini: vecinii locuiesc foarte aproape unul de altul. Sunt despărțiți doar de un gard. De o parte a gardului crește un măr. De cealaltă parte a gardului e un strat de lalele. Stratul de lalele aparține celuilalt vecin. Dar mărul este foarte mare. Ramurile sale atârnă peste gard, în grădina vecinului. Merele cad din pom peste stratul de flori și le rup. Profesorul îi întreabă pe studenți cum ar rezolva un judecător această dispută.

Unii studenți consideră că vecinul cu lalelele are dreptate. Alții spun că proprietarul mărului are dreptate. Aduc în discuție diferite legi care să le susțină punctul de vedere. Studenții discută între ei despre problemă, cu entuziasm. Dar în acel moment, profesorul le cere să înceteze disputa.

"Fiecare dintre voi are o părere," spune profesorul. "Acum deschideți caietele și scrieți în detaliu soluția voastră pentru rezolvarea acestei probleme, vă rog."

În sală se face liniște. Fiecare scrie răspunsul în caiet. Robert scrie că proprietarul lalelelor are dreptate și își explică în detaliu punctul de vedere.

După o oră, lecția ia sfârșit și profesorul adună lucrările studenților. Pune toate testele în servietă și e gata de plecare. Însă studenții îl roagă să mai rămână puțin. Sunt interesați

## *Tulips and appless*

*Robert likes studying. And one of his favorite subjects is jurisprudence. The teacher of jurisprudence is an elderly professor. He is very strict and often gives difficult tasks to the students.*

*One day the professor decides to give a test. He gives an interesting assignment about two neighbors. The neighbors live very close from one another. They are separated only by a fence. On one side of the fence grows an apple tree. There is a flowerbed with tulips on the other side of the fence. The flowerbed belongs to the other neighbor. But the apple tree is very big. Its branches hang over the fence into the garden of the other neighbor. The apples fall from it right on the flowerbed and break flowers. The professor asks students how a judge in a court would resolve this dispute.*

*Some students believe that the owner of the tulips is right. Others say that the owner of the apple tree is right. They recall different laws that prove that they are right. The students discuss the assignment with each other enthusiastically. But at this point the professor asks them to stop the dispute.*

*"Each of you have your own opinion," the professor says. "Now open your notebooks for tests and write in detail your solution to the assignment, please."*

*It gets quiet in the classroom. Everybody is writing their answers in the notebooks. Robert is writing that the owner of the tulips is right and explains his opinion in detail. The lesson comes to the end in an hour and*

să afle care este soluția corectă a problemei. "Domnule profesor, care era răspunsul corect?" întreabă Robert. "Vrem cu toții să aflăm!"

Profesorul râde subtil.

"Vedeți voi," spune el, "e foarte simplu. Lalelele înfloresc primăvara, iar merele cad doar toamna din pom. De aceea, merele nu au cum să cadă peste lalele. Această situație nu poate exista."

Studenții, uimiți, înțeleg că acesta avea dreptate. Iar aceasta înseamnă că răspunsurile lor erau greșite și că vor primi note rele la test.

"Dar, domnule profesor, până la urmă, toți am scris teste bune," spune unul dintre studenți. "Cunoaștem legile destul de bine. Nu ne puteți da note proaste doar din cauza unor lalele."

Dar profesorul scutură din cap.

"Nu e de ajuns să cunoașteți legile," explică el, "ar trebui mai întâi să apelați la propria voastră judecată și abia apoi să vă gândiți la articole de lege."

the professor gathers the students' works. He puts the tests together in his case and is about to leave. But the students ask him to stay for a short while. They are interested to know what solution to the assignment is the right one.

"Mr. Professor, what is the right answer?" Robert asks. "We all want to know it!"

The professor laughs slyly.

"You see," the professor replies, "it's very simple. Tulips blossom in the spring. And apples fall down only in the autumn. That's why the apples can't fall down on the tulips. This situation can't happen."

The students understand that he is right with astonishment. And it means that their answers are incorrect and they'll get low marks for the tests.

"But Mr. Professor, after all, we wrote very good tests," one of the students says. "We know the laws quite well. You cannot give us low marks only because of tulips."

But the professor shakes his head.

"It isn't enough to know the laws," he explains. "You should turn on your common sense first and only then think of the articles of laws!"

# 19

**Tort**
*Cake*

## A

### Vocabular
*Words*

1. a coace - bake
2. a unge, grăsime - grease
3. adevărat, real - real
4. calculator - computer
5. cel mai de jos - lowermost
6. conform - according
7. confuz - confused
8. culinar - culinary
9. cuvânt - word
10. explozie - explosion
11. fiică - daughter
12. frate - brother
13. frigider - fridge
14. frișcă, cremă - cream
15. fum - smoke
16. împroșcat, împrăștiat - splattered
17. în vârstă de opt ani - eight-year-old
18. inscripție, etichetă - inscription
19. joc - game
20. lemn - wood

21. lipici, adeziv - glue
22. lipire - gluing
23. mândru - proud
24. miros - smell
25. muncă - work
26. obiecte - objects
27. omletă - omelette
28. pachet - package
29. părinți - parents
30. patruzeci - forty
31. periculos - dangerous
32. piele - leather
33. plin - full
34. poate - perhaps
35. porțelan - porcelain
36. rețetă - recipe
37. să coacă - baking
38. să gătească - cooking
39. scris, tipar - print
40. scris mărunt - fine print

41. se descurcă, reuşeşte - manages
42. se gândeşte, consideră - considers
43. sertar - drawer
44. soră, surioară - sis
45. supă - soup
46. talent - talent

47. tată - father
48. tati - daddy
49. tort - cake
50. tub - tube
51. vitrină, dulap - cabinets
52. zi de naştere - birthday

 # B

### Tort

Lui Nancy, care are opt ani, îi place foarte mult să gătească. Ştie să facă o supă şi o omletă delicioase. Linda o ajută uneori pe fiica ei, dar Nancy se descurcă destul de bine şi singură. Toată lumea spune că micuţa are talent culinar. Nancy este foarte mândră de asta. Se consideră o adevărată bucătăreasă. Aşa că, într-o zi se hotărăşte să prepare un desert pentru tatăl ei, Cristian, de ziua lui. Vrea să-i facă un tort delicios şi a şi găsit o reţetă potrivită pentru tort. Părinţii ei pleacă la muncă, iar Nancy rămâne acasă cu fratele ei. Dar David nu o supraveghează. Tocmai se joacă un joc pe calculator în camera lui. Nancy începe să prepare tortul. Urmează cu stricteţe reţeta şi pare că poate să facă tot ce trebuie, până când, dintr-o dată, citeşte în reţetă: "Ungeţi aluatul cu adeziv culinar." Nancy e confuză. E multă mâncare în frigider, dar nu e niciun adeziv. Începe să caute prin dulapurile din bucătărie, când, dintr-o dată, în cel mai de jos dulap, găseşte un tub cu inscripţia "Adeziv". Cuvântul "culinar" însă nu apare pe etichetă. Dar Nancy decide că nu e aşa de important. Până la urmă, important e că e tot adeziv. Totuşi, acest adeziv e pentru lipit obiecte din lemn, piele sau porţelan. Dar Nancy nu a citit aceste informaţii scrise mărunt pe etichetă. Unge aluatul cu adeziv, conform reţetei. Apoi pune aluatul în cuptor şi iese din bucătărie. Tortul trebuie să coacă timp de patruzeci de minute. După douăzeci

### Cake

*Eight-year-old Nancy likes cooking very much. She can cook a delicious soup and an omelette. Linda helps her daughter sometimes, but Nancy manages on her own quite well. Everybody says that the girl has a talent for culinary. Nancy is very proud of it. She considers herself a real cook. So one day she decides to prepare a present for her father Christian on his birthday. She wants to bake a delicious cake for him. Nancy finds a suitable cake recipe. The parents go to work, and Nancy stays at home with her brother. But David is not looking after her. He is playing a computer game in his room. Nancy starts preparing the cake. She follows the recipe strictly and it seems that she can do everything. When suddenly she reads in the recipe: "Grease the dough with culinary glue." Nancy gets confused. There is a lot of food in the fridge but there is no glue. She starts looking in the kitchen cabinets when suddenly in the lowermost drawer she finds a tube with the inscription 'Glue'. There isn't the word 'culinary' on the package though. But Nancy decides it is not so important. After all, the main thing it is the glue. Though, this glue is for gluing objects made of wood, leather and porcelain. But Nancy hasn't read this fine print. She greases the dough with glue according to the recipe. Then she puts the dough into the oven and leaves the kitchen. The cake should bake for forty*

de minute se întorc părinții ei acasă.

"De la ce vine mirosul acesta delicios din bucătărie?" întreabă Cristian.

Nancy tocmai ce vrea să îi răspundă, dar dintr-o dată se aude o explozie din bucătărie! Surprins, Cristian deschide ușa la bucătărie și vede întreaga bucătărie plină de fum. Ușa cuptorului e plină de aluat împrăștiat și mai și miroase oribil. Cristian și Linda se uită mirați la fiica lor.

"Ei bine, aveam de gând să fac un tort cu o cremă delicioasă pentru tati..." spune Nancy încet.

"Ce-ai pus în el?" o întreabă fratele ei. "Nu-ți face griji, surioară! Dacă tortul tău este așa periculos, poate că e mai bine că nu a apucat să se coacă!"

*minutes.*

*Twenty minutes later, the parents come back home.*

*"What is this delicious smell from the kitchen?" Christian asks.*

*Nancy is about to answer him, but suddenly an explosion is heard in the kitchen! Surprised, Christian opens the door to the kitchen and they see that the whole kitchen is full of smoke, the oven door is splattered with dough and there is an awful smell. Christian and Linda look in surprise at the daughter.*

*"Well, I was going to bake a cake with tasty cream for daddy..." Nancy says quietly.*

*"What did you put there?" the brother asks.*

*"Don't worry, sis! If your cake is so dangerous, then it is perhaps better that it hasn't finished baking."*

**20**

# Cină exotică
## *Exotic dinner*

 **A**

### Vocabular
*Words*

1. a (se) aştepta - expect
2. a costa, preţ - cost
3. a creşte - grow
4. a încerca - try
5. a răsfoi - flip
6. a readuce la viaţă - revive
7. a tăia - cut
8. a vizita, a trece pe la, a opri la - drop by
9. alege - chooses
10. alternativă - alternative
11. aproape, în apropiere - nearby
12. asiatic - Asian
13. bucătar - chef
14. bucătărie (feluri de mâncare specifice) - cuisine
15. capac - lid
16. care - which
17. cel mai bun/bine - best
18. centimetri - centimeters
19. chelner, ospătar - waiter
20. cincisprezece - fifteen
21. delicatesă - delicacy
22. dolari - dollars
23. excremente - excrements
24. exotic - exotic
25. factură - bill
26. farfurie, platou - plate
27. furculiţă - fork
28. gras - fat
29. gust - taste
30. incredibil - incredibly
31. în cele din urmă, în sfârşit - at last
32. în viaţă, viu - alive
33. înjunghie, înţeapă - stabs
34. între timp - meanwhile
35. leşină - faints
36. limbă - language
37. lungime - length
38. mărime, dimensiune - size
39. meniu - menu
40. necioplit, necivilizat - uncivilized
41. neobişnuit - unusual

42. nimic - nothing
43. nord - north
44. nu + verb, forma de trecut - didn't
45. obiceiuri - customs
46. omidă - caterpillar
47. palid - pale
48. priviri - glances
49. puternic - strong
50. rar - rare
51. recent - recently
52. restaurant - restaurant
53. rușine, stânjeneală - embarrassment
54. sat - village
55. să cheltuie - spending
56. să mănânce - eating

57. să se târască - crawling
58. să țipe - shouting
59. sălbatic, barbar - barbarian
60. sărac - poor
61. schimb - exchange
62. scump - expensive
63. sumă - sum
64. sută - hundred
65. șaman - shaman
66. tensiune, încordare - strain
67. tradiții - traditions
68. traducere - translation
69. țară - country
70. uriaș - huge

 **B**

## Cină exotică

Robert și Elena sunt în vacanță într-o țară asiatică. Le place foarte mult să călătorească. Robert e interesat de tradițiile și obiceiurile neobișnuite. Și, bineînțeles, le place să învețe despre bucătăriile diferitelor popoare. Așa că, de data aceasta se decid să oprească la cel mai bun și mai celebru restaurant local. E un restaurant destul de scump, însă doresc să guste cele mai delicioase și interesante feluri de mâncare și nu îi deranjează să cheltuie bani pe asta. Răsfoiesc meniul mult timp. Meniul nu e tradus în engleză. Iar ei nu cunosc deloc limba localnicilor, așa că nu înțeleg nimic. Robert alege unul dintre cele mai scumpe feluri de mâncare - costă două sute douăzeci de dolari. Bucătarul le aduce chiar el la masă acel fel de mâncare costisitor. Acesta dă la o parte capacul, iar pe platou văd o grămadă de legume tocate și frunze, iar în mijloc se află o omidă uriașă și grasă, cam de cincisprezece centimetri lungime. Omida nu este doar imensă, ci și vie! Elena și Robert o privesc stânjeniți. Între timp, omida începe să se

## *Exotic dinner*

*Robert and Elena take a vacation in an Asian country. They like traveling very much. Robert is interested in unusual traditions and customs. And of course they like to learn about the cuisines of different countries. So this time they decide to drop by at the best and most famous local restaurant. It is a quite expensive restaurant but they want to taste the most delicious and interesting dishes, and they don't mind spending money on them. They flip through the menu for a long time. There is no English translation in the menu. But they don't know the local language at all, so they can understand nothing. Robert chooses one of the most expensive dishes - it costs two hundred and twenty dollars. The chef brings this expensive dish to them himself. He takes off the lid and they see a lot of cut vegetables and leaves on the plate. A huge fat caterpillar, about fifteen centimeters in length, is in the middle. The caterpillar is not only huge, but it is also alive! Elena and Robert look at it in embarrassment.*

67

târască şi să mănânce frunzele din jurul ei, de pe farfurie. Desigur, Elena şi Robert nu s-au aşteptat deloc la aşa ceva! Bucătarul şi chelnerul se uită şi ei la omidă şi nu pleacă. Urmează un moment tensionat, apoi Robert apucă o furculiţă şi înţeapă omida. În sfârşit, se hotărăşte să o mănânce. Bucătarul, când vede asta, leşină! Iar chelnerul începe să ţipe într-o limbă pe care ei n-o înţeleg. Robert nu mai înţelege nimic! În acel moment, un alt oaspete, de la o masă vecină, vine spre ei. Acesta îi explică lui Robert într-o engleză stricată că omida nu se mănâncă. Este incredibil de scumpă şi durează mai bine de cinci ani să crească atât de mare. Excrementele acelei omizi, pe care le lasă pe farfurie după ce mănâncă frunzele, sunt considerate o delicatesă scumpă. Excrementele omizii costă două sute douăzeci de dolari. Elena şi Robert fac schimb de priviri, în tăcere.

"Este un obicei incredibil de necivilizat!" spune Robert.

"Nu, nu este. Acum ei cred că tu eşti sălbaticul!" spune un alt oaspete, zâmbind. "Pentru că nu înţelegi acest tip de bucătărie scump! Şi, în plus, ai ucis o omidă atât de rară, întocmai ca un adevărat sălbatic!"

În acel moment vine chelnerul palid şi le aduce factura pentru omida ucisă. Robert se uită la suma din factură şi păleşte şi el.

"Ştiţi," zice Robert, "am trecut recent printr-un sătuc din nordul ţării voastre. Există acolo un şaman excelent, foarte puternic. Poate ar fi de acord să încerce să o readucă la viaţă... Cred că ar fi o alternativă bună..."

Meanwhile, the caterpillar starts slowly crawling and eating the leaves around itself on the plate. Of course, Elena and Robert didn't expect something like this at all! The chef and the waiter look at the caterpillar, too, and don't go away. A moment of strain follows. Then Robert takes a fork and stabs the caterpillar. He decides to eat it at last. The chef sees it and faints! And the waiter starts shouting loudly in a language they don't understand. Robert understands nothing. At this point another guest of the restaurant approaches them from a nearby table. He explains to Robert in poor English that they do not eat this caterpillar. It's incredibly expensive and it takes more than five years to grow to this size. The excrements of this caterpillar, which appear on the dish when it eats leaves, are considered an expensive delicacy. These excrements of the caterpillar cost two hundred and twenty dollars. Elena and Robert exchange silent glances.

"That's terribly uncivilized!" Robert says.

"Oh, it's not. They now think that you are the barbarian!" another guest says and smiles. "Because you do not understand this expensive cuisine! Moreover you killed such a rare caterpillar, like a real barbarian!"

At this point a pale waiter comes and brings a bill for the killed caterpillar. Robert looks at the sum in the bill and also turns pale.

"You know," Robert says, "we have been in a very small village in the north of your country recently. There is one excellent, very strong shaman there. Maybe he will agree to try to revive it?... I think, it's a good alternative..."

# 21

## Artă pretențioasă
### *High art*

## A

### Vocabular
*Words*

1. a arunca - throw out
2. a impresiona - impress
3. arătat - shown
4. artă - art
5. artist - artist
6. asemănător, similar - similar
7. aspect, înfățișare - appearance
8. bomboană, acadea - candy
9. cel mai înțelept/cea mai înțeleaptă - wisest
10. chip, față - face
11. confuzie - confusion
12. contrast - contrast
13. convingător - convincing
14. cu siguranță - definitely
15. cunoștințe - knowledge
16. eternitate, veci - eternity
17. evident - obvious
18. exterior - outward
19. fie..., fie... - either ... or
20. figuri, chipuri - figures
21. fragilitate - frailness
22. frumusețe - beauty
23. găleată - bucket
24. gânditor, preocupat - thoughtfully
25. gunoi - garbage
26. haine - clothes
27. înalt/ă - tall
28. înăuntru - inside
29. incomprehensibil, de neînțeles - incomprehensible
30. înțeles - meaning
31. inteligență, intelect - intellect
32. inventează - invents
33. lăuntric, interior - inner
34. metal - metal
35. milioane - millions
36. mop - mop

37. munte - mountain
38. murdar - dirty
39. muzeu - museum
40. obişnuit, de toate zilele - ordinary
41. oftează - sighs
42. oglindă - mirror
43. pantofi - shoes
44. peisaj - landscape
45. plastic - plastic
46. poză, tablou - picture

47. profund, adânc - deep
48. sculptură - sculpture
49. serios - serious
50. simbol - symbol
51. suflet - soul
52. sună - sounds
53. trebuie - must
54. uitat - forgotten
55. umplutură, vată - wadding
56. uniformă - uniform

# B

## Artă pretenţioasă

Într-o zi, Robert o invită pe Elena la muzeul de artă modernă. Acolo are loc o nouă expoziţie. Elenei îi place foarte mult arta. E de acord să meargă la muzeu, însă spune că nu înţelege deloc arta modernă. O consideră prea ciudată. La expoziţie ei văd multe lucruri interesante. Elena se opreşte lângă un tablou realizat din furculiţe de plastic. Se uită cu mare atenţie la tablou. Arată ca un peisaj montan.

"Nu, nu e pe gustul meu," spune Elena. "Artiştii moderni sunt prea de neînţeles. În special când creează tablouri din materiale atât de stranii. Uită-te la tabloul acesta. Este frumos?" întreabă Elena. Ei nu-i place tabloul. Nici Robert nu înţelege acest tip de artă. Dar îi place de Elena. Şi chiar vrea s-o impresioneze şi să o surprindă cu cunoştinţele lui. Robert face o faţă serioasă.

"Ştii," spune Robert, "în exterior, acest tablou nu e foarte frumos. Dar trebuie să-i vezi frumuseţea interioară."

"Poftim?" întreabă Elena surprinsă.

"Frumuseţea interioară," repetă Robert. "În acest tablou sunt reprezentaţi nişte munţi. Până la urmă, munţii există de milioane de ani. Sunt un simbol al eternităţii," explică Robert. Însă o furculiţă de plastic este aruncată cu uşurinţă. Este un simbol al ceea ce este trecător. Acest

## *High art*

*One day Robert invites Elena to the Museum of modern art. A new exhibition opens there. Elena likes art very much. She agrees to go to the museum, but she says that she does not understand modern art at all. She considers it too strange. At the exhibition they see a lot of interesting things. Elena stops near a picture, made of plastic forks. She stares at the picture attentively. It looks like a mountain landscape.*

*"No, it's not my cup of tea," Elena says. "Modern artists are too incomprehensible. Especially when they make their pictures out of such strange things. Look at this picture here. Is it beautiful?" Elena asks. She doesn't like the picture. Robert doesn't understand this art either. But he likes Elena. And he really wants to impress and surprise her with his knowledge. Robert makes a serious face. "You see," Robert says, "the outward appearance of this picture isn't so beautiful. But you have to see its inner beauty."*

*"What?" Elena asks in surprise.*

*"Its inner beauty," Robert repeats. "Some mountains are shown in this picture. After all, mountains stand for millions of years. They are a symbol of eternity," Robert explains. "But they throw out a plastic fork*

contrast ascunde un înțeles foarte profund.”
Robert inventează toate acestea pe loc. I se
pare că sună convingător. Elena se uită
rușinată la Robert. Apoi se uită la tablou și
oftează.

“Hai să mergem mai departe,” propune Elena.
Merg mai departe și văd multe alte lucruri
ciudate. Într-o cameră, văd o bomboană uriașă
de metal, înaltă până în tavan, și o sculptură
făcută din pantofi vechi. Într-o altă cameră
sunt figuri umane făcute din haine cu
căptușeală roșie pe dinăuntru. Iar Robert îi
spune Elenei câte ceva inteligent despre
fiecare lucru în parte.

“Uneori, aceste opere de artă se aseamănă mult
cu gunoiul de toate zilele,” zice Elena.
Intră în camera următoare, unde văd o oglindă
în fața căreia era o găleată plină cu apă
murdară.

“Asta este deja prea de tot!” spune Elena. “Cu
siguranță asta nu are niciun înțeles profund!”
“Oh, nu, nu,” spune Robert gânditor. “Are un
înțeles profund. Este evident că artistul e un
om foarte inteligent.”
“Da?” întreabă Elena surprinsă.
“Desigur,” răspunde Robert. “Știi, într-o
oglindă îți poți vedea chipul. Și, tot așa, te poți
uita în această găleată cu apă murdară și îți
poți vedea chipul. Artistul vrea să sublinieze
faptul că fiecare suflet are o latură întunecată.
Și că trebuie să o privim și pe aceasta. Este un
gând foarte important. Cred că este cea mai
bună și cea mai înțeleaptă operă de artă din
întreaga expoziție,” spune Robert.
“Ești atât de inteligent!” spune Elena și îl ia de
mână. Îl admiră pe Robert.
Tocmai atunci, o femeie îmbrăcată într-o
uniformă a unei firme de curățenie intră în
cameră cu un mop în mână. Se apropie de
găleată și li se adresează Elenei și lui Robert.
“Oh, mă scuzați, am uitat să o iau de aici,” le
spune femeia. Apoi ia găleata și iese cu ea din
cameră.
“Ce spuneai?” spune Elena râzând. “Cea mai

quickly. It is a symbol of frailness. There is a
very deep meaning in this contrast."
Robert invents all this on the go. It seems to
him that it sounds convincing. Elena looks at
Robert in embarrassment. Then she looks at
the picture and sighs.
"Let's move on," Elena offers.
They go further and see a lot of other strange
things. In one room they see a huge metal
candy as tall as the ceiling and a sculpture
made of old shoes. In another room there are
human figures made out of clothes with red
wadding inside. And Robert tells Elena
something smart about each thing.
"Sometimes these works of art are very
similar to ordinary garbage," Elena says.
They go to the next room and see there a
mirror in front of which there is a bucket full
of dirty water.
"Well, this is too much!" Elena says. "There
is definitely no meaning in it!"
"Oh no-o-o," Robert says thoughtfully.
"There is a very deep meaning in it. It is
obvious that this artist is a very smart man."
"Is he?" Elena is surprised.
"Sure," Robert replies. "You know, in a
mirror you can see your face. And you can
look in this dirty water and see your face,
too. The artist wants to say that every soul
has a dark side. And we must look at it, too.
This is a very important thought. I think, it is
the best and the wisest work of art at the
whole exhibition," Robert says.
"You're so smart!" Elena says and takes him
by the hand. She admires Robert.
At this point a woman in a cleaner's uniform
with a mop in her hand enters the room. She
approaches the bucket and turns to Elena
and Robert.
"Oh, I'm sorry. I have forgotten to take it
away," the woman says to them. She takes
the bucket and carries it out of the room.
"What did you say?" Elena laughs. "The best
work at the exhibition?.."

bună lucrare din expoziție?"
Robert tace confuz. Însâ Elena încă e
impresionată de intelectul lui.

*Robert is silent with confusion. But Elena is still very impressed by his intellect.*

**22**

# Curățenia de primăvară
## *Spring-cleaning*

**A**

### Vocabular
### *Words*

1. a concedia - dismiss
2. a șterge - wipe off
3. accidental, din greșeală - accidentally
4. aparate electronice - electronics
5. birou - office
6. bonusuri - bonuses
7. camioane - trucks
8. caritate - charity
9. concediat - fired
10. concediere - dismissal
11. corect - correct
12. curat - clean
13. curățenie - cleanliness
14. din nefericire - unfortunately
15. director - director
16. discuție - talk
17. documente - documents
18. exact, corect - accurate
19. foc - fire
20. formular - form
21. greșeală - mistake
22. hârtii, documente - papers
23. perioadă - period
24. perioadă de probă - probation period
25. praf - dust
26. reprezentant, deputat, adjunct - deputy
27. știri - news
28. teanc - pile
29. trimis/ă - sent
30. vreodată, niciodată (în propoziții negative) - ever

**B**

<table>
<tr><td>

### Curățenia de primăvară

Robert studiază la universitate și lucrează într-o companie mică. Compania vinde aparate

</td><td>

### *Spring-cleaning*

*Robert studies at a university and works in a small company. The company sells*

</td></tr>
</table>

73

electronice. Robert nu lucrează de mult timp acolo. Dar directorul îi laudă munca. Robert e fericit că toate merg bine la serviciu. Dar, pe neașteptate, directorul adjunct a trimis după Robert. Robert este foarte îngrijorat. Nu știe de ce este chemat. Directorul adjunct îi dă salariul și actele. Robert nu înțelege nimic.

"Îmi pare foarte rău, dar sunteți concediat," spune directorul adjunct.

"Dar de ce?" întreabă Robert.

"Din nefericire, nu ați trecut perioada de probă," spune directorul adjunct.

"Dar directorul îmi laudă munca!" obiectează Robert.

"Îmi pare foarte rău," repetă adjunctul.

Robert își ia actele și obiectele personale și părăsește biroul. E foarte supărat. În drum spre casă, se gândește tot timpul numai la concediere. I se pare foarte ciudat. Dar Robert nu apucă să ajungă acasă, că dintr-o dată îl sună însuși directorul. Îl roagă pe Robert să se întoarcă la birou și îi spune că vrea să vorbească cu el. Robert este surprins. Dar e de acord să se întoarcă la birou. Speră că îl așteaptă vești bune. Intră în biroul directorului și observă că acesta vorbea cu femeia de serviciu.

"Vă rog," îi spune acesta femeii de serviciu, "niciodată să nu mai mișcați hârtiile de pe biroul meu! Nici măcar să nu ștergeți praful de pe ele! Niciodată!"

"Dar era murdar," răspunde femeia de serviciu. "Până la urmă, n-am vrut decât să fac să fie mai bine."

Directorul oftează și dă din cap.

"Robert," spune directorul, "formularul tău era pe biroul meu. Iar doamna de serviciu l-a mutat din greșeală de pe un teanc pe celălalt. Cu alte cuvinte, formularul tău a fost mutat de pe teancul 'Bonusuri', pe teancul 'Concedieri'," explică directorul. "Îmi pare foarte rău că s-a întâmplat așa. Sper să nu se mai întâmple."

Robert e foarte bucuros să audă aceste lucruri.

electronics. Robert hasn't worked there for long. The director praises his work. Robert is happy that everything is going well at work. But suddenly the deputy director sends for Robert. Robert is very worried. He doesn't know why he has been sent for. The deputy director gives him his salary and documents. Robert understands nothing.

"I am very sorry to tell you this, but you're fired," the deputy director says.

"But why?" Robert asks.

"Unfortunately, you did not pass the probation period," the deputy director says.

"But the director praises my work!" Robert objects.

"I'm very sorry," the deputy repeats.

Robert takes his documents and things and leaves the office. He is very upset. On his way home he thinks about this dismissal the whole time. It seems to him very strange. But Robert doesn't make it home. Suddenly the director himself calls him. He asks Robert to return to the office and says he wants to talk to him. Robert is surprised. But he agrees and returns to the office. He hopes that good news is waiting for him. He enters the director's office and sees that the director is talking to the cleaning woman.

"Please," he says to the cleaning woman.

"Do not ever move the papers on my table! Don't even wipe dust off it! Never!"

"But it was dirty," the cleaning woman replies. "After all, I wanted to make it better."

The director sighs and shakes his head.

"Robert," the director says, "your form was on my table. And our cleaning woman accidentally moved it from one pile to another. That is, your form was moved from the pile for 'Bonuses' to the pile 'To Dismiss'," the director explains. "I'm very sorry that it happened. I hope it will not happen again."

Robert is very glad to hear it. He can't

Nu-i vine să creadă ce noroc are.

"Deci nu mă veți concedia?" întreabă Robert. Directorul îi zâmbește.

"Nu, nu te vom concedia. Nu îți face griji," spune directorul, "suntem bucuroși să avem în echipa noastră un membru atât de atent și de exact."

"Mulțumesc," spune Robert, "astea sunt într-adevăr vești bune."

"Greșeala cu concedierea ta e simplu de corectat," spune directorul, "însă documentele aferente a trei camioane cu electronice au fost mutate de pe teancul 'Vânzări', pe teancul 'Caritate'. Curățenia e un lucru costisitor," spune directorul, privind trist spre biroul lui curat.

believe his luck.

"So you aren't going to fire me?" Robert asks. The director smiles at Robert.

"No, we aren't going to fire you. Don't worry," the director says, "we are glad to have such an accurate and careful worker."

"Thank you," Robert says. "This is really good news."

"This mistake with your dismissal is easy to correct," the director says. "But the documents of three trucks with electronics were moved from the pile 'Sell' to the pile 'Charity'. Cleanliness is an expensive thing," the director says and looks sadly at his clean table.

# 23

# Taxi bej
*Beige taxi*

## A

### Vocabular
*Words*

1. a depăși, a înfrânge - overcome
2. adresă - address
3. agitat, emoționat - nervous
4. alb - white
5. bagaj - baggage
6. bej - beige
7. calm, cu seninătate - calmly
8. cărând, purtând - carrying
9. cineva - somebody
10. coincide - coincides
11. confirmat - confirmed
12. cu răbdare, răbdător - patiently
13. da - yes
14. examinând, analizând - examining
15. expeditori, dispecerat - dispatchers
16. expresie - expression
17. fapt, adevăr - fact
18. greu - heavy
19. încarcă - loads
20. întreabă - inquires
21. întreg - entire
22. mânie, furie, nervi - anger
23. minune, a se întreba - wonder
24. neplăcut - unpleasant
25. nesfârșit - endless
26. număr - number
27. obligatoriu - obligatory
28. Opel - Opel
29. ora trei - three o'clock
30. oriunde - anywhere
31. politicos - politely
32. radio - radio
33. refuză - refuses
34. repovestește - retells
35. rezervare - booking
36. s-ar putea, e posibil - may
37. serviciu de taxi - taxi service
38. spus - told
39. tren - train

# B

## Taxi bej

Într-o zi, Robert se decide să-şi viziteze prietenii. Aceştia locuiesc în alt oraş, aşa că Robert ia trenul ca să ajungă acolo. Trenul soseşte acolo la ora trei dimineaţa. Robert nu mai fusese acolo înainte. Nu are niciun număr de telefon de la companiile de taxi din acest oraş. Aşa că îi sună pe prietenii săi şi îi roagă să cheme ei un taxi pentru el, la gară. Prietenii fac ce le-a cerut. Îi spun că în 10 minute va veni după el un Opel alb. Robert aşteaptă şi, într-adevăr, după zece minute vine un Opel alb. Şoferul taxiului pune bagajele lui Robert în maşină şi îl întreabă unde vrea să ajungă. Robert îi explică că nu ştie adresa. Prietenii lui care au chemat taxiul ar fi trebuit să îi dea şoferului de taxi adresa.

"Radioul merge foarte prost aici, deci nu pot să aflu adresa," spune şoferul de taxi. "Te rog să afli adresa de la prietenii tăi. Şi trebuie să îi întrebi care e numărul de telefon al companiei de taxi la care au sunat," îi spune şoferul.

"De ce?" întreabă Robert.

"Vezi tu, eu nu răspund decât la rezervări," răspunde şoferul de taxi, "e posibil ca prietenii tăi să fi sunat la altă companie de taxi. Asta ar însemna că mă aşteaptă alt client şi nu pot să te iau pe tine în locul lui."

Robert îi sună pe prietenii săi din nou, trezindu-i iarăşi. Aceştia i-au spus, cu răbdare, adresa şi numărul de telefon al companiei de taxi. Robert îi repetă totul şoferului de taxi.

"Oh! Acest număr de telefon este de la altă companie. Nu este numărul pentru compania mea de taxi. Înseamnă că altcineva m-a chemat," spune şoferul şi scoate bagajele lui Robert din maşină. Robert e confuz.

"Compania dumneavoastră de taxi are poate mai multe numere de telefon," presupune Robert. "Mi s-a spus că un Opel alb va veni

## Beige taxi

*One day Robert decides to go visit his friends. They live in another city and Robert takes a train there. His train arrives there at three o'clock a.m. Robert is there for the first time. He doesn't have a phone number for the taxi services in this city. So he calls his friends and asks them to call a taxi for him to the station. The friends do as he asks. They say that in ten minutes a white 'Opel' will come for him. Robert waits, and really a white 'Opel' comes after ten minutes. The taxi driver puts Robert's baggage in the car and asks where to go. Robert explains that he doesn't know the address. His friends, who called the taxi, should have given the address to the taxi driver.*

*"My radio works badly here. So I can't get the address," the taxi driver says. "Find out the address from your friends, please. And it is obligatory to ask them for the telephone number of the taxi service they called," the taxi driver demands.*

*"Why?" Robert inquires.*

*"You see, I work only on booking," the taxi driver replies. "Your friends may have called another taxi service. Then it means that another client is waiting for me and I can't take you instead of him."*

*Robert calls his friends again and wakes them up with his call again. They patiently name the address and the phone number of the taxi service. Robert retells all this to the taxi driver.*

*"Oh! This is the phone number of another taxi service. This is not the phone number for my taxi service. Then somebody else called me," the taxi driver says and takes Robert's baggage out of the car. Robert is confused.*

*"Your taxi service may have several different*

după mine în zece minute. Iar dumneavoastră ați venit exact în zece minute. În plus, aveți un Opel alb și nu mai sunt alte taxiuri aici."

"Nu," spune șoferul, "acum e clar că va veni un alt taxi după tine. Adevărul este că Opelul meu nu e alb, ci bej. Și trebuie să îl aștepți aici pe cel alb."

Robert se uită la mașină. E posibil să fie bej. Dar la trei dimineața, în întuneric, e greu să deslușești ceva. Taxiul parchează undeva alături și își așteaptă clientul. Iar Robert stă din nou singur, lângă clădirea gării. Îi e frig și e chiar obosit. Mai trec încă zece minute, însă Opelul alb nu apare. Prietenii lui își fac griji și îl sună pe Robert. Se întreabă de ce nu a ajuns deja la ei acasă. Dar el le explică ce s-a întâmplat.

Peste câteva minute, îl sună din nou și îi spun că mașina așteaptă deja la locul stabilit. Compania de taxi tocmai le-a confirmat acest lucru. Robert se uită peste tot în jurul gării, dar nu își găsește taxiul. Timpul trece și deja e trei și jumătate. Prietenii lui Robert vor să meargă la culcare. Devin agitați. Nu înțeleg de ce Robert nu-și găsește taxiul. Îl sună pe Robert din nou și îi comunică numărul de înmatriculare al mașinii. Lui Robert i se pare că e prins într-un vis neplăcut și fără de sfârșit. Face ocolul întregii gări, cărând bagajele grele după el și examinând numerele mașinilor. Dar nu e nicăieri nicio mașină cu acel număr de înmatriculare. Când, dintr-o dată, după ce umblă o bună bucată de timp, descoperă că numărul coincide cu cel al taxiului bej Opel. Robert e foarte furios. Merge înapoi la șoferul de taxi și îi explică întreaga situație. Se străduiește din răsputeri să vorbească politicos și calm.

"Hmm, ca să vezi," spune șoferul de taxi în timp ce încarcă din nou bagajele lui Robert în mașină.

Robert se străduiește să își țină în frâu nervii. Până la urmă, s-a învârtit în jurul gării cu valizele grele după el, timp de o oră, și nici nu

numbers," Robert supposes. "I was told that a white 'Opel' would come for me in ten minutes. And you came exactly in ten minutes. After all, you have a white 'Opel', and there aren't any other taxis here.

"No," the taxi driver says. "It is now clear that another taxi will come for you. The fact is that my 'Opel' isn't white, but beige. And you have to wait for the white one."

Robert looks at his car. It may be beige. But at three o'clock at night, in the dark, it is not easy to see. The taxi driver drives off to the side, stops and waits for his client. And Robert stands alone again near the building of the station. He is cold and he really wants to sleep. Ten minutes more pass, but the white 'Opel' doesn't come. The friends worry and call Robert. They wonder why he is not at their house yet. He explains to them what happened.

In a few minutes they call again and say that the car is already at the place. The taxi service has just confirmed it. Robert goes around all the area of the station, but doesn't find his taxi. Time passes, and it's already half past three. Robert's friends want to go to sleep. They begin to get nervous. They don't understand why Robert can't find his taxi. They call Robert again and tell him the number of the car. It seems to Robert that he is watching an endless and unpleasant dream. He goes around the entire station, carrying the heavy baggage behind him, and examining the numbers of the cars. But there isn't a car with this number anywhere. When suddenly after walking for a long time he finds out that the number coincides with the car number of that taxi driver of beige 'Opel'. Robert is very angry. He comes back to the taxi driver and explains to him all this. He tries his best to speak calmly and politely.

"Hum, just think of it," the taxi driver says and loads Robert's baggage into the car again. Robert does his best to overcome

i-a lăsat pe prietenii lui să doarmă! Şi asta doar pentru că acea persoană consideră că maşina lui nu e albă! Şi tot ce are de zis e "Hmm!"

"Şi cum rămâne cu faptul că maşina dumneavoastră nu e albă, ci bej?" întreabă Robert.

"Da, şi pe mine mă afectează că dispeceratul le confundă," răspunde şoferul cu seninătate. "Ei bine, aţi confirmat adresa?"

Bineînţeles, Robert nu îşi mai aminteşte adresa. Îşi dă seama că trebuie să îi sune din nou pe prietenii lui. Deja i se pare că nu mai sunt la fel de bucuroşi de sosirea lui.

*anger. After all, he has already walked around the station with heavy suitcase for an hour and didn't let his friends sleep! And just because this person refuses to consider his car white! And to all this he replies "Hum"!*

*"And how about the fact that your car isn't white, but beige?" Robert asks.*

*"Yes, it hurts me too, that dispatchers mix it up," the taxi driver answers with a calm expression on his face. "Well, have you confirmed the address?"*

*Of course Robert doesn't remember the address anymore. He understands that he must call his friends again. And it seems to him, that they aren't glad about his arrival anymore.*

# 24

## Pomul de Crăciun
*Christmas tree*

**A**

### Vocabular
*Words*

1. a lega - tie
2. a se potrivi, a încăpea - fit
3. artificii - fireworks
4. băieţi - boys
5. conversaţie - conversation
6. cumpărături - purchases
7. deasupra, pe - top
8. decoraţiuni - decorations
9. dificultate, problemă - difficulty
10. după aceea - afterwards
11. ei înşişi, ele înseşi - themselves
12. farsă, glumă - prank
13. festiv/ă - festive
14. foarfecă - scissors
15. gunoi - trash
16. ieşire - exit
17. încărcând, să încarce - loading
18. încheie, concluzionează - concludes
19. loc de muncă - workplace
20. magazin - store
21. măşti - masks
22. OK, bine - okay
23. pa, la revedere - bye
24. picior - foot
25. sărbătoare, aniversare - celebration
26. serviciu de livrări - delivery service
27. strâns - tightly
28. timp liber - spare time
29. toată lumea, toţi, toate - everyone

## B

| Pom de Crăciun | *Christmas tree* |
|---|---|

Lui Robert îi place să-și petreacă timpul liber citind cărți. Lui David îi place să se joace jocuri pe calculator. De asemenea, îi place să-i facă farse surorii și prietenilor lui. Robert și David au și lucruri în comun: le plac sărbătorile cu familia. Crăciunul este sărbătoarea lor preferată. În fiecare an merg la supermarket și cumpără un pom de Crăciun. Anul acesta Robert și David merg împreună la supermarket.

David cumpără de la supermarket cadouri de Crăciun pentru rudele sale. Iar Robert cumpără decorațiuni de Anul Nou, artificii, măști și surprize amuzante. Apoi, merg să aleagă un pom de Crăciun. Aleg un pom frumos și înalt. Robert și David îl ridică și îl cară cu greu până la ieșirea din magazin. Plătesc pentru cumpărături și merg spre ieșirea din magazin.

Băieții nu văd niciun un serviciu de livrări în apropiere. Așa că încep să încarce ei înșiși pomul de Crăciun. Pomul de Crăciun însă nu încape în portbagaj. Așa că decid să îl lege pe acoperișul mașinii. Robert merge la magazin și cumpără o frânghie rezistentă. Robert și David pun pomul de Crăciun pe mașină. Nu a mai rămas decât să-l lege strâns. Tocmai atunci îi sună telefonul lui Robert, din mașină. Îl sună Gabi, sora lui. Robert intră în mașină și răspunde la apel.

"Alo," spune el.

"Bună, Robert!" spune Gabi.

"Bună, Gabi! Ce faci?" o întreabă Robert. Între timp, David începe să lege singur pomul de Crăciun. Conversația lui Robert cu Gabi durează cam trei minute.

"Robert, am legat deja pomul de Crăciun," spune David, "trebuie să mă duc la muncă urgent, pentru câteva minute, așa că pleacă

*Robert likes to spend his spare time reading books. David likes playing computer games. He also likes playing pranks on his sister and his friends. Robert and David have common interests too. They like family celebrations. Christmas is Robert's and David's favorite celebration. They go to a supermarket to buy a Christmas tree every year. This year Robert and David go to a supermarket together as well.*

*David buys Christmas gifts for his relatives in the supermarket. Robert buys ew Year's decorations, fireworks, masks and funny surprises. Afterwards they go to choose a Christmas tree. They choose a fine tall tree. Robert and David pick it up and carry it to the exit with difficulty. They pay for the purchases and go to the exit. The boys don't see that a delivery service is nearby. Robert and David begin loading the Christmas tree themselves. The Christmas tree does not fit in the trunk. So they decide to tie it to the top of the car. Robert goes to the store and buys a strong rope. Robert and David put the Christmas tree on the top of the car. They just need to tie it tightly. At this moment Robert's phone rings in the car. Gabi, his sister, calls him. Robert gets into the car and answers the call.*

*"Hello," he says.*

*"Hello, Robert!" Gabi says.*

*"Hello, Gabi! How are you?" Robert replies. David begins tying the Christmas tree himself. Robert's and Gabi's conversation lasts about three minutes.*

*"Robert, I have already tied the Christmas tree," David says. "I have to go to work urgently for a minute, so go without me. I'll come in about twenty minutes," David*

fără mine, o să vin în aproximativ douăzeci de minute," conchide David.

Locul lui de muncă e aproape de supermarket și vrea să meargă acolo pe jos.

"În regulă. Ai legat strâns pomul?" întreabă Robert.

"Nu-ți face griji, l-am legat bine. Pa!" răspunde David, zâmbindu-i șiret lui Robert, și apoi pleacă.

Robert pornește cu mașina spre casa lui David. Pe drum, ceilalți șoferi îi zâmbesc. Și Robert le zâmbește. Se pare că toată lumea a intrat azi în spiritul sărbătorilor! Robert ajunge acasă la David. Oprește mașina. Încearcă să deschidă portiera, dar portiera nu se deschide. Robert observă acum că frânghia trece prin geamurile deschise. Nu poate să iasă pentru că David a legat și geamurile. Robert îi sună pe părinții lui David.

"Da," răspunde Nancy.

"Nancy, sunt Robert. Ai putea să ieși puțin? Și adu și o foarfecă, te rog," o roagă Robert.

Nancy iese și vede că Robert stă în mașină și nu poate să iasă. Începe să râdă. În plus, vede și un coș de gunoi lângă mașină. Robert taie frânghiile și coboară din mașină. Vede și el coșul de gunoi. Robert observă că frânghia e legată și de coșul de gunoi. Robert a condus cu coșul după el tot drumul! Era farsa pe care i-a făcut-o David în timp ce el vorbea cu Gabi!

"Acum înțeleg de ce zâmbeau șoferii!" se amuză Robert. Nu e furios pe David, dar știe deja ce farsă o să-i facă.

concludes. His workplace is near the supermarket and he wants to go there on foot.

"Okay. Have you tied the Christmas tree tightly?" Robert asks.

"Don't worry. I've tied it well. Bye," David replies, smiles slyly to Robert and leaves. Robert drives to David's house. On his way other drivers smile at him. Robert also smiles at them. Everyone has a festive mood today! Robert drives up to David's house. He stops the car. Robert tries to open the door of the car. But the door doesn't open. Now Robert sees that the rope goes through the open windows. He can't get out because David also tied the doors. Robert calls David's parents. David's sister answers the call.

"Yes," Nancy answers the call.

"Nancy, this is Robert. Could you go outside? And bring scissors, please," Robert asks.

Nancy goes outside and sees that Robert sits in the car and can't get out. She starts laughing. Besides, she sees a trash can near the car. Robert cuts the rope and gets out of the car. He sees the trash can too. Robert sees that the rope is tied to the trash can. Robert was driving with the trash can behind all way! It is a prank that David played on him when Robert was talking to Gabi!

"Now I see why the drivers smiled!" Robert laughs. He isn't angry with David, but he already knows what prank he will play on him.

# Marele incendiu
## *Big fire*

### Vocabular
#### *Words*

1. a ierta - forgive
2. a închide, a opri - switch off
3. a petrece, a cheltui - spend
4. a se aşeza - settles down
5. a se bucura (de ceva) - enjoy
6. a uitat - forgot
7. arde - burns
8. cinema - cinema
9. cinematograf - cinema hall
10. confortabil - comfortably
11. drag/ă - darling
12. fier (de călcat) - iron
13. film - film

14. film - movie
15. film de acţiune - action film
16. influenţă, a influenţa - influence
17. inundaţie - flood
18. neliniştit, stânjenit - uneasy
19. poze - photos
20. robinet - faucet
21. scenă - scene
22. soţie, nevastă - wife
23. ţigară - cigarette
24. valoros, de preţ - valuable
25. vină - fault

## Marele incendiu

De obicei, părinţii lui David şi Nancy îşi petrec sfârşitul de săptămână acasă. Dar astăzi, Linda şi Cristian se duc la cinema.

## *Big fire*

*David and Nancy's parents usually spend their weekends at home. But today Linda and Christian are going to the cinema. Christian*

Cristian încuie ușa. Nu mai era nimeni acasă. David și Nancy au plecat în vizită la Robert și Gabi.

Linda și Cristian intră în cinematograf și își ocupă locurile. Începe filmul. E un film de acțiune. Lindei și lui Cristian le plac filmele de acțiune. Dintr-o dată, Linda spune:

"Dragule, mi se pare că ai uitat să-ți stingi țigara acasă."

"Ți se pare doar. Totul e în regulă. Calmează-te și bucură-te de film," îi șoptește Cristian nevestei.

"Da, ai dreptate, Cristian," spune Linda. Se așează confortabil în scaun, zâmbește și urmărește filmul. Dar, dintr-o dată, apare în film o scenă cu un incendiu. Linda strigă: "Cristian! Dacă am uitat să scot fierul de călcat din priză?"

"Linda, filmul nu îți face bine!" spune Cristian. Linda încearcă să se calmeze. Dar nu durează mult. Zice din nou: "Cristian, de ce nu poți să înțelegi? Focul arde tot în urma lui: documente, bani, poze, obiecte de valoare! Nu mai pot sta aici!" Linda se ridică și se îndreptă spre ieșire. Cristian aleargă după ea. Iau un taxi și merg spre acasă.

Cristian e foarte supărat. Voia să petreacă o seară cu soția lui, urmărind un film interesant. "Linda, îmi pare rău, dar uneori strici totul! Voiam așa de mult să văd un film cu tine și apoi, seara, să ne plimbăm prin oraș, apoi să mergem la o cafenea!" spune Cristian.

Linda se simte vinovată.

"Iartă-mă, Cristian. Dar pur și simplu mă simt neliniștită," îi spune Linda soțului ei.

Cristian e mulțumit că soția lui își recunoaște vina. Ajung acasă la ei și coboară din mașină.

"Cristian!" țipă Linda.

Privesc spre casă și ce văd? În fața casei se află o mașină de pompieri și câțiva polițiști. Cristian și Linda aleargă în casă, dar nu e niciun incendiu, ci o inundație! Linda a uitat să închidă robinetul când a plecat la cinema cu soțul ei.

locks the door. There is nobody at home. David and Nancy went to visit Robert and Gabi.

*Linda and Christian come into the cinema hall and take their sits. The movie begins. It's an action movie. Linda and Christian like action movies. Suddenly Linda says: "Darling! It seems to me that you forgot to put out a cigarette at home."*

*"It just seems to you. Everything is okay. Calm down and enjoy the film," Christian replies quietly to his wife.*

*"Yes, you're right, Christian," Linda says. She settles down comfortably in the chair, smiles and watches the film. But suddenly a fire scene appears in the film. Linda cries out: "Christian! What if I forgot to switch off the iron?"*

*"Linda, the film has a bad influence on you!" Christian says. Linda tries to calm down. But it does not last long. She says again: "Christian, why can't you understand? Fire burns everything - documents, money, photos, valuable things! I can't sit here anymore!" Linda gets up and goes to the exit. Christian runs after her. They take a taxi and go home. Christian is very upset. He wanted to spend this evening with his wife watching an interesting film.*

*"Linda, I am sorry, but sometimes you spoil everything! I wanted to watch a film with you so much and then walk in the city at night, go to a café!" Christian says. Linda feels guilty.*

*"Forgive me, Christian! I just feel very uneasy," Linda says to her husband. Christian is pleased that his wife admits her fault. They arrive at their house and get out of the car.*

*"Christian!" Linda cries. They look at their house. And what they see? In front of the house there is a fire truck and several policemen. Christian and Linda run into the house. There isn't a fire, but a flood! Linda forgot to turn off a faucet, when she went out with her husband to the cinema.*

# Atenţie, câine rău!
## *Beware of angry dog!*

## A

### Vocabular
### *Words*

1. a (se) întinde - stretch
2. a aruncat - threw
3. a lătra - bark
4. a rupt - tore
5. cauciuc - rubber
6. chiar şi aşa, totuşi, cu toate acestea - nevertheless
7. cunoştinţă, amic - acquaintance
8. cuşcă (de câine) - doghouse
9. disciplinat - disciplined
10. fior, tremurat - chill
11. fir - thread
12. folosind - using
13. formează un număr de telefon - dials
14. garou - tourniquet
15. grăbit, sărit, repezit - rushed
16. în mod ciudat, straniu, neobişnuit - strangely
17. în mod neobişnuit - unusually
18. lanţ - chain
19. lătrând, să latre - barking
20. medical - medical
21. metri - meters
22. poartă - gate
23. puternic - strongly
24. ştiind, cunoscând - knowing
25. temperament - temper
26. temporar - temporary
27. văzut - saw
28. zdrobit, prăbuşit - crashed

## B

### Atenţie, câine rău!

Într-o zi, Robert merge în vizită la un amic. Acesta are acasă un câine mare. Câinele, de obicei, este legat cu un lanţ de cuşca lui.

### *Beware of angry dog!*

*One day, Robert goes to visit his acquaintance. He has a big dog at home. The dog is usually tied to a chain near its*

Avertismentul de pe poartă, "Atenție, câine rău!" este foarte adevărat. Robert cunoaște temperamentul câinelui, așa că se oprește departe de poartă și formează numărul de telefon al amicului său. Vrea ca acesta să iasă și să țină câinele. Astfel Robert poate să se strecoare repede în casă.

Cu toate acestea, câinele îl aude pe Robert și iese din cușcă lătrând. Deși Robert e separat de câine de un gard, simte un fior - câinele uriaș e legat doar cu o frânghie subțire, aproape cât un fir de ață...

Dar câinele se comportă ciudat de data aceasta. Aleargă către Robert, dar privește înapoi, spre frânghie, tot timpul. Aleargă până într-un punct, unde frânghia se întinde puțin, apoi se oprește. Și doar după aceea începe să latre tare la Robert. Amicul lui iese din casă și ține câinele. Robert și amicul său intră în casă.

"Cum de acum este, în mod neobișnuit, așa de disciplinat?" întrebă Robert. "Înainte aproape că rupea lanțul, atât de feroce se repezea la atac."

"Nu doar lanțul," răspunde amicul lui Robert. "Cu ce nu l-am legat? Am încercat tot. Când a rupt și ultimul lanț rezistent, nu mai aveam cu ce să-l leg. Nu mai aveam decât un garou medicinal de cauciuc. Ei bine, m-am gândit, o să-l leg temporar, până mă duc la magazin după un nou lanț. L-am legat și tocmai atunci a trecut un vecin pe-aici. Câinele, ca de obicei, s-a repezit să latre. Dar de data aceasta, banda de cauciuc s-a întins și l-a aruncat pe câine în spate, aproape trei metri. S-a prăbușit în cușcă. Apoi, același lucru s-a mai întâmplat de câteva ori. A doua zi, am văzut că devenise mai atent. Avea tot timpul grijă ca banda să nu se întindă. N-am avut timp să cumpăr un nou lanț. Iar recent, mama a avut nevoie de garou. L-am luat jos și i l-am dat ei. Folosesc sfoara asta subțire deja de câteva zile. Dar câinele a devenit mai atent!"

doghouse. The notice on the gate 'Beware of angry dog' is completely true. Knowing the dog's temper, Robert stops far away from the gate and dials the acquaintance's phone number. He wants his acquaintance to go out and hold his dog. Then Robert can quickly go in the house.

The dog nevertheless hears Robert and runs from the doghouse to bark. Even though Robert is separated from the dog by a fence, he feels a chill inside - the huge dog is tied only to a thin rope, almost a thread...

But the dog behaves strangely this time. It runs to Robert but looks back at the rope all the time. It runs to a place, where the rope stretches a little, and stops. And only then it starts barking loudly at Robert. His acquaintance comes out and holds the dog back. Robert and his acquaintance go into the house.

"Why is it so unusually disciplined?" Robert asks. "Before, it almost tore the chain - it rushed to attack so strongly."

"Not only the chain," Robert's acquaintance replies. "What haven't I tied it with? I tried everything. When it tore the last strong chain, there wasn't anything any more with which to tie it. I only had a medical rubber tourniquet. Well, I thought, I'll tie it temporary till I go to a store for a new chain. I tied it and just then a neighbor came by. So, the dog as always rushed barking. But this time the rubber tourniquet stretched and then threw the dog back by about three meters! It crashed into the doghouse. Then the same happened a few more times. The next day I saw that the dog became careful. It watched all the time that the tourniquet didn't stretch. I didn't have time to go for a new chain. And my mom recently needed the tourniquet. I took it off and gave it to her. I have been using this thin rope for several days already. But the dog became careful!"

# 27

## Greșeala lui Marte
### *Mars's mistake*

### Vocabular
### *Words*

1. a apărea - appear
2. a avea noroc, a fi norocos - be lucky
3. a băga în priză - plug
4. cablu - cord
5. călăului - executioner's
6. carpetă, covor - carpet
7. casă, gospodărie, familie - household
8. cu bun simț - sensible
9. cu succes, cu bine - successfully
10. ecran - screen
11. electric - electric
12. fișier - file
13. fotoliu - armchair
14. iertat - forgiven
15. împingând, să împingă - pushing
16. lăbuță - paw
17. Marte - Mars
18. medieval - medieval
19. opțiune - option
20. pace - peace
21. prins - caught
22. priză - socket
23. rar - seldom
24. reușește - succeeds
25. sfârșit, terminat - ended
26. sub - under
27. uragan - hurricane

**B**

## Greșeala lui Marte

Într-o seară, David stă pe canapea și citește o revistă. Mama lui era pe-aproape, la calculator, cu niște treabă. Liniște și pace...

## *Mars's mistake*

*One evening, David is sitting on a couch and reading a magazine. His mom is sitting nearby at the computer and doing some work. Peace*

Dar, dintr-o dată, motanul Marte se repede în cameră. E un adevărat uragan domestic! În numai cinci secunde, motanul face ocolul camerei de trei ori, se urcă pe o carpetă, sare de acolo direct pe David, apoi fuge sub canapea, iese de acolo, se scutură şi mai face alte o sută de lucruri nu tocmai de bun simţ. Apoi motanul se aşează în mijlocul camerei şi cugetă – oare ce altceva să mai facă? Să se joace cu cineva din familie nu prea se poate momentan. În acel moment, motanul observă un cablu de la calculator. Sare pe un fotoliu şi începe să se joace cu cablul electric. Înainte ca David să aibă timp să reacţioneze, motanul reuşeşte să termine ce-a început. Cablul iese puţin din priză şi... calculatorul se opreşte! Mama lui David se uită la ecranul negru şi nu îşi dă seama ce se întâmplă. Dintr-o dată îşi aduce aminte că şi-a salvat fişierul pe calculator în urmă cu două ore. Apoi Linda se întoarce către motan, iar pe chipul ei se poate citi zâmbetul unui călău medieval. Motanul începe să simtă cum sfârşitul vieţii sale fericite era aproape, cu toate că a mieunat prea puţin, a prins prea puţini şoareci şi abia dacă s-a jucat cu pisica vecină, Fedora. Apoi Marte se întoarce către cablul care nu era complet scos din priză şi începe să-l împingă înapoi cu lăbuţa. Probabil speră că dacă va rezolva totul, va fi iertat. Şi a reuşit! Cablul se află în priză, iar calculatorul porneşte! Marte părăseşte repede camera şi se întinde lângă fereastra din bucătărie. Priveşte spre stradă şi probabil se gândeşte că a avut foarte mare noroc că totul s-a încheiat cu bine.

*and quiet... And here the cat Mars rushes into the room. It is a real household hurricane! In just five seconds it runs around the room three times, climbs on a carpet, jumps off there directly on David, then gets under the couch, gets out of there, shakes himself off and does a hundred other not very sensible things. Then the cat sits down in a middle of the room and thinks - what else should it do? Playing with someone from the family is not an option right now. At this point the cat notices a computer electric cord. The cat jumps on an armchair and starts playing with the electric cord. Before David has time to do anything, the cat manages to finish the task it has started. The electric plug goes a little out of the socket. And... the computer turns off! David's mother looks at the black screen and does not realize what's going on. Suddenly she remembers that she saved a file on the computer two hours ago. Then Linda slowly turns to the cat and a medieval executioner's smile starts to appear on her face. The cat begins feeling that the end of its happy life is coming. But it has meowed so little, it has caught so few mice, it has played so seldom with the neighbor cat Fedora. And then Mars turns to the plug that isn't completely out of the socket, and with its paw starts pushing it back into the socket. It probably hopes that if it can fix everything, it will be forgiven. And it succeeds! The plug goes into its place and the computer turns on! Mars quickly leaves the room and lies down by a window in the kitchen. It looks at the street and probably thinks it must be lucky that everything ended so successfully.*

# 28

## Când nu-ţi aştepţi rândul
*Cutting in line*

## A

### Vocabular
*Words*

1. se adresează - addresses
2. a nu-ţi aştepta rândul - cutting the line
3. acei/acele - those
4. administrator, manager - manager
5. alimentară - convenience store
6. a-şi cere scuze - apologize
7. bani - cash
8. brânză - cheese
9. cârnat - sausage
10. casă, casierie - cash register
11. circumstanţe, situaţii - circumstances
12. coleg de şcoală - schoolmate
13. de când - since
14. domn - mister
15. explicaţie - explanation
16. fost, anterior - former
17. împotriva - against
18. indignat, furios - outraged
19. kilogram - kilogram
20. mândru, cu mândrie - proudly
21. modest - modest
22. mostre - samples
23. neruşinare, impertinenţă - impudence
24. nervos - angrily
25. organizaţie - organization
26. pâine -
27. pâine, franzelă - bread, loaf
28. păşit - stepped
29. prieten - chap
30. răzbunare - revenge
31. risc - risk
32. roşie, tomată - tomato
33. suc - juice
34. supraveghere - supervising

89

35. susține, sprijină - supports
36. vândut - sold

37. vânzătoare - saleswoman
38. zis, spus - said

# B

## Când nu-ți aștepți rândul

Într-o zi, David merge la alimentara de pe colț să cumpere cârnați și brânză. Sunt mulți oameni în magazin. David se așează la rând și privește în jur. Fostul coleg de școală al lui David, Mihai, intră în magazin și se duce direct la casă, fără să acorde nicio atenție rândului. La școală, Mihai era un băiat modest. Dacă cineva îl călca pe picior, el era cel care-și cerea scuze. Nu se schimbase de atunci, așa că dacă a decis să meargă în fața rândului, atunci, cu siguranță, era o situație foarte gravă. După ce, de mai multe ori, și-a cerut scuze oamenilor care stăteau la rând, i se adresează vânzătoarei pe nume: "Iulia, dă-mi, te rog, un kilogram de cârnați, o pâine și un pachet de suc de roșii."
Surprinși de asemenea impertinență, cei care stăteau la rând se înfurie pe Mihai. Acesta răspunde cu "Îmi pare rău" sau "Îmi cer scuze" oricărei remarci care i se adresa. După ce își mai cere scuze o dată și se îndepărtează de rând, oamenii discută cu vânzătoarea, cerându-i o explicație.
"Bună, Mihai!" îi spune David zâmbind. "Ce mai faci, prietene?"
"David!" spune Michael. "Bună, drag prieten! Nu ne-am mai văzut de mult!"
Dar oamenii din rând nu se liniștesc. O bătrânică cere să vorbească cu managerul.
"Domnule manager," îi spune vânzătoarea fostului coleg al lui David, "vor să vorbească cu dumneavoastră!"
"Chiar dacă sunteți dumneavoastră managerul, tot nu aveți niciun drept să încălcați regulile!" strigă bătrâna furioasă.
Îl lovește pe Mihai peste picior cu sacoșa și

## Cutting in line

*One day, David goes into a convenience store to buy some sausage and cheese. There are a lot of people in the store. David takes a place in the Line and looks around. David's former schoolmate, Michael, enters the store and goes right to the cash register, without paying any attention to the Line. Michael was a modest boy at school. If somebody stepped on his foot, he was the one who apologized. He has not changed since then, and if he decided to jump the Line, then the circumstances are very serious for sure. Having apologized to the Line several times, Michael addresses the saleswoman by name: "Julia, give me a kilogram of sausage, a loaf of bread and a pack of tomato juice, please."*
*Surprised for a moment by such impudence, the Line gets outraged with Michael. Michael says "I'm sorry" or "I apologize" to every phrase said against him. When he apologizes once more and walks away from the Line, people talk to the saleswoman demanding an explanation.*
*"Hello, Michael!" David says to him with a smile. "How are you, old chap?"*
*"David!" Michael says. "Hello, my dear! Long time no see!"*
*But people in the Line do not calm down. A little old woman demands the manager.*
*"Mister manager," the saleswoman says to David's former schoolmate. "They are demanding you!"*
*"Although you're the manager, you still don't have the right to break the rules!" the old woman cries angrily. She hits Michael's leg with her bag and proudly leaves the store.*

iese mândră din magazin. David îl ține ferm pe Mihai ca să nu cadă. Se uită cu precauție la ceilalți oameni care stăteau la rând. Dar ei sunt mulțumiți cu răzbunarea bătrânei și nu le mai cordă atenție.

"O comisie de evaluare necesită imediat niște mostre din produsele vândute în magazinul nostru," îi explică Mihai lui David. "Nu mă gândeam că îmi asum riscuri așa de mari când am rugat-o pe vânzătoare să îmi dea aceste mostre."

David supports Michael so that he does not fall. They look at the other people in the Line with caution. But those are satisfied with the old woman's revenge and turn away from them.

"A supervising organization urgently demands samples of some of the food sold in our store," Michael explains to David. "I didn't think I would take a risk when I asked the saleswoman to give me these samples."

**29**

## Locul cu numărul treisprezece
*Seat number thirteen*

**A**

### Vocabular
*Words*

1. a afişa - post
2. a ieşi din cont - log out
3. a intra, a se alătura, a se înrola - joining
4. a încărca, a taxa - charge
5. a nu se putea - cannot
6. a pierde, a irosi - waste
7. a plânge - cry
8. a se căsători - marry
9. a studia, a învăţa - study
10. a traduce - translate
11. a trece - pass
12. armată - army
13. autobuz - bus
14. bucuros, cu bucurie - gladly
15. chemând, strigând, sunând - calling
16. conexiune, legătură - connection
17. cont - account
18. cunoştinţă, amic - acquaintance
19. exerciţiu - exercise
20. ieri - yesterday
21. îngrijorat - worried
22. laptop - laptop
23. loc - seat
24. manual - textbook
25. mesaj - message
26. pe neaşteptate, dintr-o dată - unexpectedly
27. pleacă - departs
28. profil - profile
29. propoziţii - sentences
30. să sune - ringing
31. sărută - kisses
32. spaniolă - Spanish
33. şterge - deletes
34. tabletă - tablet
35. text - text
36. tramvai - tram
37. treisprezece - thirteen
38. tunel - tunnel
39. Twitter - Twitter
40. uşor, lumină - light

## B

### Locul cu numărul treisprezece

Robert merge în vizită la prietena lui, Elena. El nu o anunţă, pentru că vrea să îi facă o vizită neaşteptată. Vrea să o ceară în căsătorie.
Robert cumpără un bilet de autobuz. Drumul până acolo durează două ore. Dar Robert nu vrea să irosească timpul. Ia cu el un manual.Vrea să înveţe spaniolă.
Robert urcă în autobuz. Are locul cu numărul treisprezece. Pe scaunul de lângă el se aşează un bărbat. Autobuzul pleacă din staţie. Robert îşi scoate manualul. Începe să rezolve primul exerciţiu. Robert trebuie să traducă un text. Abia ce traduce două propoziţii când începe să-i sune telefonul mobil. E David.
"Bună, Robert, e adevărat?" îl întreabă David.
"Da, e adevărat," răspunde Robert. "Dar... cum ai aflat?"
"Am citit pe Twitter. E grozav! Păcat că nu ne vom putea vedea în curând. Îţi urez noroc!" spune David şi încheie conversaţia.
Robert nu înţelege nimic. De ce să nu se revadă în curând? Şi nici nu a postat pe Twitter că merge la Elena ca să o ceară în căsătorie. Robert îşi scoate din nou manualul. Încearcă să înveţe spaniolă. Trec cam cincisprezece minute. Telefonul mobil sună din nou. Pe ecran apare numărul Lenei.
"Bună, Robert," spune Lena.
"Bună, Lena," răspunde Robert.
"De ce nu mi-ai spus nimic despre asta?" spune Elena începând să plângă. "O să te aştept..."
Autobuzul intră într-un tunel iar conexiunea se întrerupe. Robert e confuz. Se uită în manual, dar nu poate să înveţe. Se gândeşte la telefoanele ciudate. Apoi vede numărul treisprezece pe locul său. Robert începe să se îngrijoreze. Scoate telefonul mobil ca să o sune pe Elena. Ecranul telefonului mobil nu

### *Seat number thirteen*

*Robert is going to visit his friend Elena. He doesn't let her know because he wants to come unexpectedly. He wants to ask her to marry him.*
*Robert buys a bus ticket. It takes two hours to get there. Robert doesn't want to waste this time. He takes a textbook with him. He wants to study Spanish.*
*Robert gets on the bus. He has seat number thirteen. A man sits down next to him. The bus departs from the station. Robert takes out his textbook. He begins doing the first exercise. Robert has to translate a text. He translates only two sentences, when his phone starts ringing. This is David calling.*
*"Hi Robert. Is it true?" David asks.*
*"Yes, it is true," Robert answers. "Well... how did you find out about it?"*
*"I read it on Twitter. It's great! It's pity we won't see each other soon. I wish you good luck!" David says and finishes the conversation.*
*Robert doesn't understand. Why won't we see each other soon? He also did not post on Twitter that he was going to ask Elena to marry him. Robert takes out the textbook again. He tries to study Spanish. About fifteen minutes pass. The phone rings again. Lena's phone number is on the screen.*
*"Hi Robert," Lena says.*
*"Hi Lena," Robert answers.*
*"Why didn't you tell me?" Elena begins to cry. "I will wait for you..."*
*The bus goes into a tunnel and the connection breaks. Robert is confused. He looks at the textbook, but cannot study. He thinks about the strange calls. Then he sees the number thirteen on his seat. Robert feels uneasy. He takes out the phone to call Elena.*

mai lumina. Robert a uitat să-l încarce.
Autobuzul soseşte în oraşul Elenei după o oră.
Robert pleacă din staţie şi ia un tramvai până
la casa Elenei. Ajunge la locuinţa ei luând-o
prin surprindere, iar Elena e foarte îngrijorată.
"Bună, Lena," spune el, îmbrăţişând-o.
"Bună, Robert," răpunde Elena. E bucuroasă
că a venit Robert şi îl sărută.
"De ce mi-ai spus că mă vei aştepta?" întreabă
Robert. "Mă vei aştepta să mă întorc de
unde?"
"Am citit pe Twitter că ai de gând să te
înrolezi în armată," spune ea.
Robert îşi aminteşte că scrisese ceva pe
Twitter cu o seară înainte, de pe tableta unui
amic, iar când a terminat a uitat să iasă din
cont. Robert îşi dă seama că amicul lui îi
făcuse o farsă. O roagă pe Lena să-şi
pornească laptopul. Intră în contul său şi şterge
mesajul "Mă voi înrola în armată". Robert şi
Elena râd. Apoi Robert îl sună pe David şi îi
spune toată povestea. Îi povesteşte, de
asemenea, că Lena i-a acceptat cererea în
căsătorie.
"Sunt foarte încântat că ai de gând să te însori,
în loc să pleci în armată!" spune David cu
bucurie.

*The telephone screen does not light up.
Robert forgot to charge it.
The bus arrives in Elena's city an hour later.
Robert goes out to the station and takes a
tram to Elena's house. He comes to her
house unexpectedly and Lena is very
worried.
"Hi Lena," he says and hugs her.
"Hi Robert," Elena answers. She is glad that
Robert came. She kisses him.
"Why did you tell me you would wait for
me?" Robert asks. "Wait for me to return
from where?"
"I read on Twitter that you are going to join
the army," she says.
Robert recalls that yesterday evening he
wrote something on Twitter on his
acquaintance's tablet and forgot to log out of
his profile. Robert understands that his
acquaintance played a prank. He asks Lena
to switch on her laptop. He goes into his
account and deletes the message "I am going
to join the army." Robert and Elena laugh.
Robert calls David and tells him all this
story. He also says that Lena agreed to
marry him.
"I am really glad that you are going to get
married instead of joining the army!" David
says gladly.*

94

# 30

# Temă de casă
## *Homework*

**A**

### Vocabular
*Words*

1. a fi bucuros, a se bucura - be glad
2. bucuros - glad
3. capabil - capable
4. ceartă, învinovățește - scolds
5. clasă - grade
6. după amiază - afternoon
7. făcut, gata - done

8. foaie - sheet
9. îngrozitor - awfully
10. neverificat - unchecked
11. oră, clasă - class
12. prostuț, bleg - silly
13. singur - single

**B**

### Temă de casă

Nancy merge la școală în clasa a III-a. Linda și Christian acordă multă atenție studiilor ei. Întotdeauna îi corectează temele. Dar le este greu să-i corecteze

### *Homework*

*Nancy goes to the third grade at school. Linda and Christian pay a lot of attention to her studies. They always check her homework. But it is difficult for them to check Spanish. So David*

tema la spaniolă. Aşa că, întotdeauna David îi verifică tema la spaniolă. Nancy este o fată capabilă, dar îi este greu să înveţe bine la spaniolă. De aceea, David o ajută mult la această materie.

După un timp, Nancy începe să facă toate exerciţiile fără greşeli. Christian şi Linda sunt bucuroşi că învaţă bine la spaniolă. Într-o seară, David corectează tema surorii sale la spaniolă, ca de obicei. Constată că totul e corect. Nu are nici măcar o greşeală.

David e foarte bucuros. Le arată lui Christian şi Lindei tema surorii lui. Toţi sunt fericiţi şi o laudă pe Nancy.

Dar în dimineaţa următoare, Linda observă pe biroul fiicei sale o foaie de hârtie cu tema pe care David a corectat-o cu o seară înainte. Linda îşi dă seama că fetiţa uitase foaia pe birou. Îşi face griji pentru fiica ei, pentru că se dusese la şcoală fără temă.

După masa, Nancy vine acasă, iar Linda o întreabă: "Ţi-ai uitat azi acasă tema la spaniolă?" întreabă ea. "Ai luat o notă rea din cauza asta?"

"Nu, mamă," răspunde fiica ei. "Totul e în regulă în ceea ce priveşte tema. Am luat notă bună. De ce crezi asta?" zice Nancy mirată.

"Ai luat notă bună?" zice Linda, surprinsă şi ea. "Cum se poate aşa ceva? E aici pe masă. Aceasta e tema pentru azi, pe care a corectat-o David."

"Aceasta e tema pentru ieri," îi explică fiica ei. "Am corectat-o ieri, în clasă."

Linda nu înţelege ce se întâmplă...

"Şi de ce l-ai rugat pe David să corecteze o temă veche, care deja fusese corectată în clasă?" întreabă Linda. "De ce nu i-ai cerut să-ţi corecteze tema pentru azi?"

"De ce nu poţi să înţelegi?" îi spune fata.

"Aş fi prostuţă să-i arăt o temă necorectată. David ţipă la mine şi mă

always checks Spanish. Nancy is a capable girl. But she does not study Spanish well. So David helps her study a lot.

After some time Nancy begins doing all the exercises without mistakes. Christian and Linda are very glad that she studies Spanish well. Once in the evening David as always checks his sister's homework in Spanish. He sees that everything is done correctly. There isn't a single mistake. David is very glad. He shows his sister's home work to Christian and Linda. All are very happy and praise Nancy.

But next morning Linda sees a sheet of paper with homework that David checked yesterday on her daughter's desk. Linda realizes that her daughter has forgotten this sheet of paper on the desk. She is worried about her daughter, because she has gone to the lesson without her homework today.

Nancy comes back home in the afternoon and Linda asks her:

"Have you forgotten your homework in Spanish for today?" she says. "Now you've got a poor grade for it?"

"No, mom," the daughter replies to her. "It's all right with the assignment. I've got a good grade for it. Why do you think so?" Nancy says in surprise.

"You've got a good grade for it?" Linda is surprised too. "But how is it possible? It is here on the desk. This is your today's homework, that David checked."

"It is yesterday's homework," the daughter explains to her. "We checked it in class yesterday."

Linda can't understand what's going on...

"And why did you ask David to check an old homework that had already been checked in class?" Linda asks. "Why didn't you ask him to check the assignment that was given to you for today?"

"Why can't you understand," the daughter says to her. "It would be silly to show him unchecked work. David shouts and scolds me awfully for

ceartă îngrozitor pentru fiecare greşeală! Aşa că îi dau temele din ziua precedentă, pe care deja le-am corectat la şcoală."

*every mistake! So I give him yesterday's assignment that we have already checked at school.*

# Romanian-English dictionary

a (+verb), la - to
a (se) aştepta - expect
a (se) grăbi, grabă - hurry
a (se) întinde - stretch
a (se) mişca - move
a aduna - gather
a afişa - post
a ajunge - arrive
a ajunge la, a se întinde spre - reach
a aminti - remind
a angaja - hire
a apărea - appear
a arunca - throw out; a aruncat - threw
a aştepta - wait
a atârna - hang
a auzi - hear
a avea - have
a avea de gând, a intenţiona, a se referi -
    mean (dacă vrei să spui - if you mean to
    say)
a avea noroc, a fi norocos - be lucky
a avertiza - warn
a băga în priză - plug
a bea - drink
a cădea - fall
a cânta - sing
a câştiga - earn
a chema - call
a cincea - fifth
a coace - bake
a concedia - dismiss
a continuat - continued
a costa, preţ - cost
a creşte - grow
a culege, a alege - pick
a cumpăra - buy
a da, a oferi - give
a demonstra - prove
a depăşi, a înfrânge - overcome
a deţine, propriul/propria - own
a devenit - became
a discuta - discuss

a dispera, disperare - despair
a dormi, somn - sleep; a dormi bine, a se
    odihni - get a good night's sleep
a duce, a căra, a purta - carry
a elimina, a înlătura - eliminate
a face - do
(a face) cunoştinţă (cu) - (get) acquainted
a făcut un compliment - paid a compliment
a fi - be
a fi atent - pay attention
a fi bucuros, a se bucura - be glad
a fi fericit/ă - be glad
a flata - flatter
a fost - been; a fost/era - was
a fugi, a alerga - run
a găsi - find
a ghici, a presupune - guess
a hrăni - feed
a ierta - forgive
a ieşi din cont - log out
a îmbunătăţi - improve
a împacheta - pack
a impresiona - impress
a încărca, a taxa - charge
a început - began
a încerca - try; a încerca din greu, a se
    strădui - try hard
a închide - close; a închide, a opri - switch
    off
a încuia - lock
a indica a arăta cu degetul - points
a înflori - blossom
a întâlni - meet; a întâlnit - met
a înţelege, a-şi da seama - understand; a
    înţeles, şi-a dat seama - understood
a intra, a se alătura, a se înrola - joining
a întreba - ask
a înveli, a împacheta - wrap
a lăsa, a permite - let
a lătra - bark; a lătrat - barked
a lega - tie
a lua - take

a lui Robert - Robert's
a mânca - eat
a mârâi - growl
a mea, al meu - my
a mers - went
a modifica, a schimba - change
a monta, a instala - install
a mulțumi - thank
a mușca - bite; a mușcat - bit
a noastră, al nostru, ai noștri, ale noastre -
  our
a nu se putea - cannot
a nu-ți aștepta rândul - cutting the line
a oferi - offer
a participa - attend
a patra - fourth
a păzi, a veghea, a privi - watch
a petrece, a cheltui - spend
a pierde, a irosi - lose, waste
a plăcea, precum, ca - like
a plânge - cry
a pleca - leave
a plimba câinele - walk the dog
a prăji - fry
a primi - receive
a privi, a se uita - look
a pune - put
a putea - can
a râde - laugh
a rămâne, a sta - remain, stay
a răsfoi - flip
a reacționa - react
a readuce la viață - revive
a recunoaște - admit, recognize
a repara - fix
a reține, a prinde - detain
a rezolva - resolve
a rupe - break
a rupt - tore
a scris - wrote
a se apropia - approach
a se așeza - settles down
a se bucura (de ceva) - enjoy
a se căsători - marry

a se duce, a merge - go
a se înscrie, a aplica - apply
a se juca - play
a se odihni, odihnă, pauză - rest
a se potrivi, a încăpea - fit
a se pregăti - prepare
a se ridica - get up
a se ruga - pray
a se teme - be afraid
a sfătui - advise
a simți - feel
a spera, speranță - hope
a șterge - wipe off
a ști - know
a strica - spoil
a studia, a învăța - study
a suferi, a face rău - hurt
a tăia - cut
a ține - hold
a traduce - translate
a trece - pass
a trișa - cheat
a ucide - kill
a uitat - forgot
a unge, grăsime - grease
a vedea, a înțelege, a-și da seama - see
a veni - come
a verifica - check
a vinde - sell
a vizita, vizită, a trece pe la, a opri la - visit,
  drop by
a vorbi - speak
a vrea - want
a zbura - fly
absolut, complet, perfect - absolutely
acasă - home
accidental, din greșeală - accidentally
acei/acele - those
același, aceeași, aceiași, aceleași - same
acest/acesta, această/aceasta - this
acești/a, aceste/a - these
acolo - there
activ, plin de viață - active
acum - now

acum un an, cu un an în urmă - a year ago
acvariu - aquarium
adevăr - truth
adevărat, real - true, real
administrator, manager - manager
admiră - admires
adormit, a adormi - asleep
adresă - address
aduce - brings
adus - brought
afară - out, outside
agitat, emoționat - nervous
ah - ooh
a-i păsa - care
aici - here
ajută - helps
ajutor, a ajuta - help
al doilea/a doua - second
al treilea/a treia - third
al zecelea/a zecea - tenth
al, a, ai, ale lui/ei - its
al/a/ai /ale pisicii/motanului - cat's
al/a/ai/ale câinelui - dog's
al/a/ai/ale lor - their
al/a/ai/ale lui - his
al/a/ai/ale păpușii - doll's
alb - white
aleargă - runs
aleatoriu, la întâmplare - random
alege - chooses
alergare - jogging
alimentară - convenience store
alt, altul/altă, alta - other, another
alternativă - alternative
amuzant, haios - funny
an - year
angajat - employee
ani - years
animal - animal; animal de casă/companie - pet
animale de companie - pets
Annei, acasă la Ann - Ann's
antrenat, în formă - trained
apă - water

aparate electronice - electronics
apare, se vede - appears
apartament - apartment
aparține - belongs
apasă - presses
apetisant - appetizing
aproape, în apropiere, în jur de, lângă - almost, near, nearby, around
apucă, prinde - grabs
ar (+verb) - would; ar putea - could; ar trebui - should
arată - looks, shows
arătat - shown
arde - burns
are (sau verb auxiliar) - has
arhitect - architect
armată - army
artă - art
articol hotărât - the
articole - articles
artificii - fireworks
artist - artist
aruncând o privire - glancing
așa de, atât de - such
ascultă - (is) listening, listens
ascultător - obedient
asemănător, similar - similar
a-și aminti - remember
a-și cere scuze - apologize
a-și da seama, a depista - spot
asiatic - Asian
aspect, înfățișare - appearance
asta e - that's
astăzi - today
așteaptă - (is) waiting
atacă - attacks
atârnă - (is) hanging
atașat - attached
atunci - then
aude - hears
autobuz - bus
autor - author
autoritar - demanding
auzit - heard

aventuri - adventures
avion - plane
avut - had
(ba) mai mult - moreover
bagaj - baggage, luggage
băieți - boys
bancă - bench
bani - cash, money
bărbat - man
bătrân, vechi - old
bea - drinks
bej - beige
Biblie - Bible
bibliotecă - library
bilet - ticket
bine, OK - OK, well; bine hrănit - well-fed
birou, catedră, bancă (la școală) - office,
    desk
blând, bun, simpatic - kind
bolnav/ă - ill, sick
bomboană, acadea - candy
bonă - nanny
bonusuri - bonuses
brânză - cheese
brațe - arms
bronzare - sunbathing
bucătar - chef
bucătărie (feluri de mâncare specifice) -
    kitchen, cuisine
bucuros, cu bucurie, fericit - glad, gladly,
    happily, joyfully
bucuros/bucuroasă - glad
bun, bună, bine, frumos - good, fine
bună, salut - hello, hi
că, acel/acea - that
cablu - cord
cadou, prezent - present
cadouri - gifts
cafea - coffee
cafenea - café
caiete - notebooks
câine - dog
călătorește - (is) traveling
călăului - executioner's

calculator - computer
calm, cu seninătate, liniștit - calmly, calm
cameră - room
cămine studențești - dorms
camioane - trucks
canapea - couch
când - when
cântă - (is) singing
cap - head
capabil - capable
capac - lid
capăt, sfârșit - end
capitală - capital
capodoperă - masterpiece
capricios - capricious
cărând, purtând - carrying
care - which
care se îndepărtează, îndepărtându-se -
    departing
caritate - charity
cârnat - sausage
carpetă, covor - carpet
cărți - books
cărți poștale, vederi - postcards
casă, gospodărie, familie, casierie - house,
    household, cash register
căsătorit/ă - married
catedrală - cathedral
câteodată, uneori - sometimes
câteva, câțiva - several
cauciuc - rubber
caz - case
ce - what
cea/cel mai mare - highest
ceai - tea
ceartă, învinovățește - scolds
ceașcă - cup
cel mai aproape/apropiat - nearest
cel mai bun/bine - best
cel mai de jos - lowermost
cel mai faimos, cel mai cunoscut - most
    famous
cel mai înțelept/cea mai înțeleaptă - wisest
cel mai interesant - most interesting

cel mai mare (ca vârstă) - oldest
cel mai tare - loudest
cel/cea mai mare - biggest
centimetri - centimeters
centru - centre
cere, pretinde - demands
cerut, necesar - required
ceva - something
cheamă - calls
chelner, ospătar - waiter
chemând, strigând, sunând - calling
chiar - even, really
chiar aici - right here
chiar şi aşa, totuşi, cu toate acestea -
    nevertheless
chip, faţă - face
chirurgie dentară - dental surgery
cină - dinner
cinci - five
cincisprezece - fifteen
cine - who
cinema - cinema
cinematograf - cinema hall
cineva - somebody, someone
circumstanţe, situaţii - circumstances
citeşte - (is) reading, reads
ciudat - strange
ciupercă - mushroom
clădire, construcţie - building
clădiri - buildings
clar, distinct, limpede - clear, distinctly
clasă - grade
client - client
coadă - tail
coincide - coincides
coleg de şcoală - schoolmate
colegi - colleagues
colorat - colorful
colţ - corner
companie - company; companie de
    construcţii - construction company
compartiment - compartment
competent - competent
complet - completely

complicat - complicated
compliment - compliment
compoziţie, conţinut - composition
compune - composes
comun, obişnuit - common
concediat - fired
concediere - dismissal
conduce - (is) driving, drives, leads
conexiune, legătură - connection
confirmat - confirmed
conform - according
confortabil - comfortably
confuz - confused
confuzie - confusion
constructori - builders
cont - account
continuă - continues, keeps
contrast - contrast
conversaţie - conversation
conversaţie, discuţi - chat
convingător - convincing
convinge - convinces
copac - tree
copiam - (was) copying
copiat - copied
copii - children
copil - child
corect - correct, correctly
costum de baie - swimsuit
coşuri - baskets
Crăciun - Christmas
crede, are impresia, bănuieşte - thinks,
    believes
creşte - grows
crezut - thought
crocodil - crocodile
cu - with
cu afaceri - on business
cu atenţie, cu grijă - attentively, carefully
cu bun simţ - sensible
cu entuziasm - enthusiastically, excitedly
cu grijă, atent - careful
cu nemulţumire, cu reproş - discontentedly
cu pasiune - emotionally

cu plăcere - you're welcome
cu răbdare, răbdător - patiently
cu seriozitate - seriously
cu sfială, cu ezitare - hesitantly
cu siguranță - definitely
cu strictețe - strictly
cu succes, cu bine - successfully
cu toate acestea, oricum, totuşi - however
cu veselie, vesel - cheerfully
culinar - culinary
cum - how
cumpără - buys
cumpărat - bought
cumpărături - purchases
cunoştință, amic - acquaintance
cunoştință, amic - acquaintance
cunoştințe - knowledge
cuptor - oven
curajos - brave
curat - clean
curățenie - cleanliness
curier - courier
curios - curious
cursuri - classes, lectures
curte - court, yard
cuşcă - cage; cuşcă (de câine) - doghouse
cuvânt - word
da - yes
dă din cap afirmativ, aprobă din cap - nods
dă telefon - phones
dă, oferă - gives
dacă - if
dar - but
dat - given
de aproape - closely
de asemenea, şi - too
de băut - (for) drinking
de când - since
de către - by
de ce - why
de obicei - usually
de parcă - as
de primă clasă - top-notch
deasupra, pe - top

decât, ca - than
deci - so
decide - decides
decis - decided
declarație, mărturisire - confession
decorațiuni - decorations
defect - defect
deget - finger
deja - already
delicatesă - delicacy
delicios - delicious
dentist - dentist
departament - department
departe, plecat - away, far
depăşeşte - overtakes
des, adesea - often
deschis/ă - open
deşi - though
deşi, totuşi - although
desigur - of course
despre - about
deştept - smart
destul, suficient - enough; destul de - quite
detaliu - detail
devine - (is) getting
devreme - early
diferit - different
dificil, greu - difficult
dificultate, problemă - difficulty
dimineață - morning
din apropiere, din vecinătate - neighboring
din nefericire, cu tristețe - unfortunately,
    sadly
din nou - again
din, de la - from
dinte - tooth
dintr-o dată, brusc - at once, suddenly
direct - directly, straight
direcție - direction
director - director
disciplinat - disciplined
discuție - talk
dispoziție, stare de spirit - mood
dispută - dispute

divers - various

doamnă - Madam

doar, abia, numai - only, just

doarme - (is) sleeping, sleeps

doctor, medic - doctor

documente - documents

doi/două - two

dolari - dollars

domeniu - field

domn - mister

douăzeci - twenty

drag/ă - darling, dear

dragoste, iubire - love

drăguț - pretty

dreptate, justiție - justice

drum - road

duce, cară, poartă - carries

dulciuri - sweets

duminică - Sunday

după - after; după aceea - afterwards; după amiază - afternoon

dur - harshly

durere de dinte/de măsea - toothache

e păcat - it's a pity

ea - she; ea însăși - herself

ebraică - Hebrew

ecran - screen

ediție - issue

ei, ele - they, them; ei înșiși, ele înseși - themselves

el - he; el însuși - himself

el/ea (neutru, [-uman]) - it

electric - electric

e-mail - e-mail

emoție, pasiune - passion

engleză - English

erai, eram, erați, erau - were

erou, salvator - rescuer

eseuri - essays

este - is, it's

este de acord, aprobă - agrees

este la reparat - (is) being repaired

eternitate, veci - eternity

eu - I; eu aș - I'd; eu sunt - I'm; eu voi ( +verb) - I'll; eu însumi/însămi - myself

evident - obvious

exact, corect, tocmai - accurate, exactly

examen - exam

examinând, analizând - examining

excelent - excellent

excremente - excrements

exercițiu - exercise

exotic - exotic

expeditori, dispecerat - dispatchers

experiență - experience

explică - explains

explicație - explanation

explozie - explosion

expoziție - exhibition

expresie - expression, phrase; expresie încruntată - frown

exterior - outward

face - (is) doing, does; face cruce - crosses; face o vizită - pays a visit

factură - bill

facultate - college

făcut, gata - did, done

faimos, celebru - famous

familie - family

fani - fans

fapt, adevăr - fact

fără - without; fără a se gândi - thoughtlessly; fără casă, fără stăpân, vagabond - homeless

farfurie, platou - plate

farsă, glumă - prank

fată - girl

favorit, preferat - favorite

fel de mâncare - dish

femeie - woman

fereastră, geam - window

fericit - happy

festiv/ă - festive

fie..., fie... - either ... or

fiecare - each; every

fier (de călcat) - iron

figuri, chipuri - figures

fiică - daughter
film - film, movie; film de acțiune - action film
fior, tremurat - chill
fir - thread
firmă - firm; firmă de construcții - building firm
fișier - file
fiu - son
flori - flowers
foaie - sheet
foarfecă - scissors
foarte - very
foc - fire
folie - foil
folosește - uses
folosind - using
formează un număr de telefon - dials
formular - form
forum - forum
fost, anterior - former
fotoliu - armchair
fragilitate - frailness
frate - brother
frigider - fridge
frișcă, cremă - cream
fructe - fruits
frumos - beautiful
frumusețe - beauty
fum - smoke
furat - stolen
furculiță - fork
furios, nervos - angry, furious, furiously
galben - yellow
găleată - bucket
gânditor, preocupat - thoughtfully
gânduri - thoughts
gard - fence
garou - tourniquet
găsit - found
gata, pregătit - ready
gătește, pregătește - cooks
geantă, bagaj - bag
ghepard - cheetah

glumă - joke
grăbit, sărit, repezit - rushed
grădină - garden
grădiniță - kindergarten
grămadă - bunch
gras - fat
Grecia - Greece
greșeală - mistake
greu - heavy
grozav - great
gunoi - garbage, trash
gură - mouth
gust - taste
gustare - snack
gustos - tasty
haine - clothes
hamster - hamster
hârtii, documente - papers
hotel - hotel
ia - takes
idee, concept - concept
ieri - yesterday
iertat - forgiven
Ierusalim - Jerusalem
ieșind - sticking out
ieșire - exit
îi pare rău - feels sorry
îi place, iubește - likes, loves
îi trebuie - needs
îmbrățișează - hugs
imediat - immediately
împerechere - mating
împingând, să împingă - pushing
important - important
împotriva - against
impresii - impressions
impresionat - impressed
împreună - together
împroșcat, împrăștiat - splattered
în - in, into
în cele din urmă, în final, în sfârșit - finally, at last
în curând - soon
în fața - in front of

în loc să/de, în schimb - instead
în mod cert, sigur - certainly
în mod ciudat, straniu, neobișnuit - strangely
în mod neobișnuit - unusually
în plus - besides
în spate - behind
în special, mai ales - especially
în timp ce - during, while
în ultima vreme, recent - lately
în vârstă - elderly
în vârstă de opt ani - eight-year-old
în viață, viu - alive
înainte - before
înalt/ă - tall
înapoi - back
înăuntru - inside
încă, nemișcat - still, yet
încântat, fermecat - charmed
încântător, fermecător - charming
încarcă - loads
încărcând, să încarce - loading
încearcă - (is) trying, tries
începe - begins, starts
început, începând - beginning
încet, fără zgomot, tiptil - quietly, slowly
încheie, concluzionează, termină - concludes, finishes
închide telefonul - hangs up
înclinat - tilted
incomprehensibil, de neînțeles - incomprehensible
incorect, fals - incorrect
incredibil - incredibly
încurcat, amestecat - mixed up
indiciu - hint
indiferent - indifferent
indignat, furios - outraged
îndoială - doubt
îndrăzneț - daring (încercare îndrăzneață - daring guess)
influență, a influența - influence
ingineresc, al constructorului - builder's
îngrijorare, griji, a se îngrijora - worry

îngrijorat - worried
îngrozitor - awful, awfully
înjunghie, înțeapă - stabs
înot - swimming
inscripție, etichetă - inscription
însoțește - accompanies
înspre - towards
însuși, însăși - itself
întâlnire - meeting
întâmpină, salută - greets
înțelege, își dă seama - understands
înțeles - meaning
inteligență, intelect - intellect, intelligence
intenționează - means (ce vrea să spună - what he means)
interes, curiozitate - interest
interesant - interesting
interesat - interested
Internet - Internet
intersecție - intersection
întoarce - turns
intră - enters
între timp - meanwhile
întreabă - (is) asking, asks, inquires
întrebări - questions
întredeschis - ajar
întreg - entire
întreg/întreagă, tot/toată - whole
întrerupe - interrupts
întuneric - dark
inundație - flood
învățat - learned
inventează - invents
învinovățire - scolding
invită - invites
își amintește - recalls
își dă seama, realizează - realizes
istorie - history
iubește - loves
iulie - July
joacă - playing
joc - game
jos - down
jucării - toys

judecată, bun-simț - common sense
judecător - judge
jumătate - half
jurisprudență - jurisprudence
jurnalism - journalism
kilogram - kilogram
la - at
la început, primul - first
lăbuță - paw
lalele - tulips
lângă - next to
lanț - chain
laptop - laptop
larg - widely
latră - barks
lătrând, să latre - barking
laudă, a lăuda - praise
lăuntric, interior - inner
leagă - ties
lecție - lesson
legi - laws
legume - vegetables
lemn - wood
leneș - lazy
lesă - leash
leșină - faints
leșinat - fainted
lift - elevator
limbă - language
liniște - quiet
liniștit, tăcut - silent
lipici, adeziv - glue
lipire - gluing
lipsește - (is) missing
lipsește - misses
literatură - literature
loc - place, seat
loc de muncă - workplace
local - local
locuiește - lives
locuind - living
lovește - hits
luând - taking
luat - took

lucrând, muncind - working
lucrează - works
lucru, chestie - thing
lună - month
lung - long
lungime - length
magazin - shop, store
mai bine - better
mai departe - further
mai devreme - earlier
mai gras - fatter
mai întâi - first
mai jos - lower
mai mult - more
mai strict - more strictly
mai tânăr/ă, mai mic/ă - younger
mai târziu - later
mai ușor - easier
mâine - tomorrow
mâini - hands
mamă - mom, mother
mâncare - food
mândru, cu mândrie - proud, proudly
mângâie - (is) petting
mânie, furie, nervi - anger
manual - textbook
măr - apple
mârâie - growls
mare - big, sea
mărime medie, mijlociu - medium-sized
mărime, dimensiune - size
Marte - Mars
marți - Tuesday
masă - meal, table
mașină - car
măști - masks
materie, subiect - subject
mătușă - aunt
maxilar - jaw
medical - medical
medieval - medieval
mediu înconjurător - environment
membri - members
meniu - menu

mereu, întotdeauna - always
merge, plimbă - (is) walking
meritat - deserved
mesaj - message
metal - metal
metri - meters
metrou - subway
miaună - meows
mic - small
mic/ă, scăzut/ă, puțin - low, little
miercuri - Wednesday
mijloc - middle
milioane - millions
minge - ball
minte, cap - mind
minunat - wonderful
minune, a se întreba - wonder
minute - minutes
miros - smell
modalitate, fel - way
modern - modern
modest - modest
moment, clipă - moment
mop - mop
mostre - samples
motor - engine
mult - a lot, much
mulțumit, cu mulțumire, satisfăcut -
  contentedly, satisfied
muncă - work
munte - mountain
murdar - dirty
muzeu - museum
muzică - music
național - national
necioplit, necivilizat - uncivilized
negru - black
neliniștit, stânjenit - restless, uneasy
neobișnuit - unusual
neplăcut - unpleasant
nerușinare, impertiență - impudence
nervos - angrily
nesfârșit - endless
neverificat - unchecked

nevoie, a fi/avea nevoie - need
niciodată - never
nimeni - nobody
nimic - nothing
ninge - (is) snowing
nivel - level
noapte - night
noi, nouă - we, us
nord - north
noroc, succes - luck
notă, bilet - note
note - marks
nou/ă, noi - new
nu - no, not; nu + verb, forma de trecut -
  don't, didn't
nu era - wasn't
nu este - isn't
nu face - doesn't
nu îți face griji - don't worry
nu mai - anymore
nu pot - can't
nu sunt - aren't
număr - number
nume - name
numit - called, named
o/un - a
oameni - people
oaspete - guest
obiceiuri - customs
obiecte - objects
obișnuit, de toate zilele - ordinary
obligatoriu - obligatory
obosit - tired
observă - notices
ochi - eyes
ocupat - busy
oferă, dă - (is) giving
oftează - sighs
oglindă - mirror
OK, bine - okay
omidă - caterpillar
omletă - omelette
Opel - Opel
operație - surgery

opt - eight
opțiune - option
ora trei - three o'clock
oră, clasă - class
oraş - city, town
oraş natal - hometown
ore - hours
organizație - organization
orice - any, anything
oricine - anybody
oricum - anyway
oriunde - anywhere
pa, la revedere - bye
pace - peace
pachet - package, packet
pădure - forest
pâine, franzelă - bread, loaf
palid - pale
până - till
pantofi - shoes
păpuşă - doll
păr - hair
parc - park
părere, opinie, punct, moment - point,
   opinion
părinți - parents
parte - side
păsări - birds
păşit - stepped
pat - bed
patru - four
patruzeci - forty
paznic, gardian, a sta de pază/de gardă -
   guard
pe ascuns, în secret - secretly
pe ea, al/a/ai/ale ei - her
pe el, lui - him
pe lângă, dincolo de - past
pe mine, mie - me
pe neaşteptate, dintr-o dată - unexpectedly
pe vârfurile picioarelor, tiptil - tiptoe
peisaj - landscape
pentru - for; pentru alergat - (for) running
pentru că - because

perfect - perfectly
periculos - dangerous
perioadă - period; perioadă de probă -
   probation period
peron, platformă - platform
persoană - person
pescuit - fishing
peşte - fish
peste - over
peştişor auriu - goldfish
petrece, cheltuie - spends
piață - market
picioare - legs
picior - foot
picnic - picnic
pictură, să picteze - painting
piele - leather
pierdere - loss
pierdut, rătăcit - lost
piscină, bazin de înot - swimming pool
pisică - cat
plăcere - pleasure
plastic - plastic
pleacă - departs
plecat, dispărut - gone
plic - envelope
plimbare - walk
plin - full
poartă - gate
poate - maybe, perhaps
podea - floor
poezie - poetry
poezii - poems
politicos - politely
polițist - policeman
poreclă - nickname
portbagaj - trunk
porțelan - porcelain
posibil - possible
potrivit - suitable
poveste - story
poveşti - stories
poză, tablou - picture
poze - photos

praf - dust
prânz - lunch, noon
precauţie, atenţie - caution
predă - teaches
pregăteşte - (is) preparing
presupune - supposes
prezintă - introduces
prieten - chap, friend
prieteni - friends
primăvară - spring
primit, devenit - got, gotten
prin, pe - through
principal, important - main
prinde - catches
prins - caught
privelişti, atracţii turistice - sights
priveşte - (is) looking, (is) watching
priveşte - watches
priveşte lung, se holbează - stares
privire, a privi îndelung, a se uita - gaze
priviri - glances
priză - socket
probabil - probably
problemă, chestiune - problem, matter
profesionist - professional
profesor - professor, teacher
profil - profile
profund, adânc - deep
propoziţii - sentences
proprietar - owner
proprietarii - owners
prosop - towel
prost, rău - poorly, badly
prostuţ, bleg - silly
public - public
pui - chicken
pur şi simplu, în mod simplu, doar - simply
puternic - strong, strongly
puţin/ă, puţini/e - few
râde - laughs
radio - radio
rămas - left
ramură - branch
ramuri - branches

rar - rare, rarely, seldom
răspunde - replies
răspuns - answer
răspunsuri - answers
rău - bad
râu - river
râzând, să râdă - laughing
răzbunare - revenge
rece, cu răceală, indiferent - cold, coldly
recent - recently
recomandă - recommends
refuză - refuses
rege - king
repede - quickly
repetă - repeats
repovesteşte - retells
reprezentant, deputat, adjunct - deputy
respiră - (is) breathing
restaurant - restaurant
reţetă - recipe
reuşeşte - succeeds
reviste - magazines
rezervare - booking
risc - risk
roată - wheel
robinet - faucet
romantic - romantic
roşie, tomată - tomato
roşind - blushing
roşu - red
rudă - relative
rupe, sfâşie - rips
ruşine, stânjeneală - embarrassment
să cheltuie - spending
să coacă - baking
să gătească - cooking
s-a îndrăgostit - fell in love
s-a întâmplat - happened
să mănânce - eating
să se târască - crawling
să studieze - studying
să sune - ringing
să ţipe - shouting
sală de clasă - classroom

salariu - salary
sălbatic, barbar - barbarian
salvat - saved
şaman - shaman
sănătos - healthy
săptămână - week
şaptezeci - seventy
s-ar putea, e posibil - may
sărac - poor
sărbătoare, aniversare - celebration
sarcină - task
sare - jumps
sărută - kisses
şase - six
sat - village
sau - or
scapă - drops
scări - stairs
scaun - chair
scenă - scene
schimb - exchange
şcoală - school
scrie - writes
scriitor - writer
scris, tipar - written, print; scris mărunt -
    fine print
scrisoare - letter
sculptură - sculpture
scump - expensive
scund, mic - short
scutură - shakes
Scuzaţi-mă - Excuse me
se adresează - addresses
se apleacă - bows
se apropie - approaches
se aşază, stă - sits
se curăţă - (is) cleaning
se dă jos, coboară - gets off
se descurcă, reuşeşte - manages
se duce - goes
se gândeşte, consideră - considers
se joacă - plays
se pare - seems
se petrece, se întâmplă - going on

se poartă, se comportă - behaves
se ridică în picioare - stands
se sperie - gets scared
se trezeşte - wakes up
se urcă, se caţără - climbs
(se) îndoaie - bends
(se) întoarce - returns
(se) simte, (i se) pare - feels
seară - evening
secretar/ă - secretary
şef, superior - chief
sentimente - feelings
separat, la distanţă - apart, separated
serios - serious
sertar - drawer
serviciu de livrări - delivery service
serviciu de taxi - taxi service
Sfânt - Saint
sfârşit, terminat - ended
sfoară, frânghie - rope
şi, de asemenea - and, also
sigilează - seals
sigur, convins, desigur - sure
simbol - symbol
simplu, natural - easy, simple
simţ - sense
sincer - honestly
singur - single
singur/ă - alone
şiret, viclean, cu viclenie - sly, slyly
situaţie - situation
slujbă, loc de muncă - job
soare - sun
şoarece - mouse
şoareci - mice
şobolani, rozătoare - rats
şofer - driver
soluţie - solution
somn, a dormi - sleep
somnoros, adormit - sleepy
sonerie - doorbell
soră, surioară - sis, sister
sosire - arrival
soţ - husband

soție, nevastă - wife
spală - washes
spaniolă - Spanish
Sparta - Sparta
specialitate - specialty
speriat, înspăimântat - frightened
spirit, esență - spirit
spital - hospital
spune - (is) telling, says, tells
spus - told
stă întins/ă, zace - lies, (is) lying
stă, șede - stays, sits, (is) sitting
stație, gară - station
șterge - deletes
știa - knew
știe - knows
știind, cunoscând - knowing
stil - style
știri - news
stop, a se opri - stop
stradă - street
strălucește - (is) shining
strălucitor, luminos - bright
strânge - collects
strâns - tight, tightly
strat de flori - flowerbed
strict - strict
strigă - shouts
stropește - splashes
student/ă - student
studii, cursuri - studies
stupid, prost - stupid
sub - under
subiect, temă, sarcină - assignment
suc - juice
suflet - soul
sugerează, propune - suggests
sumă - sum
sună - rings, sounds
sunt - am, are
supă - soup
supărat - upset
superb, magnific - magnificent
supermarket - supermarket

supraveghere - supervising
surprins, cu ochi mari - wide-eyed
surprins/ă, mirat/ă - surprised
surpriză - surprise
susține, sprijină - supports
sută - hundred
tabletă - tablet
talent - talent
tânăr/ă - young
țară - country
tare, zgomotos, copios - loudly
târziu - late
tata - dad
tată - father
tati - daddy
tău, ta, tăi, tale, vostru, voastră, voștri,
    voastre - your
tavan - ceiling
taxi - taxi
te rog - please
teamă, frică - fear
teanc - pile
telefon, a telefona - phone; telefon mobil -
    telephone
temă - theme
temă de casă - homework
temperament - temper
temporar - temporary
tensiune, încordare - strain
teribil, groaznic - terrible, terribly
termen, semestru - term
test - test
test cu întrebări - quiz
text - text
ticălos - scoundrel
țigară - cigarette
timid, cu timiditate - shy, shyly
timp, moment - time; timp liber - spare
    time
ține - (is) holding, holds
tip, băiat - guy
țipă, plânge, strigă - (is) crying, cries
toamnă - autumn
toată lumea, toți, toate - everyone

ton, voce - tone
torcând - purring
tort - cake
tot - everything
tot/toată/toți/toate - all
toți, toată lumea - everybody
tradiții - traditions
traducere - translation
trage - pulls
tramvai - tram
transport - transportation
tratează, vindecă - treats
trebuie - must
treburi (de-ale casei) - chores
trece - passes
trei - three
treisprezece - thirteen
tren - train
trimis/ă - sent
trimite - send
trist - sad
triumfă - triumphs
tu, voi - you; tu ești, voi sunteți - you're
tub - tube
tunel - tunnel
Twitter - Twitter
uimire, mirare - amazement (de uimire - in amazement), astonishment
uimitor - amazing
uită - forgets
uitat - forgotten
uman, om - human
umplutură, vată - wadding
un, o - an
unchi - uncle
unde - where
undeva - somewhere
uniformă - uniform
unii/unele - some
universitate - university
unul - one
uragan - hurricane
urgent - urgently
uriaș - huge

urmărește - chases
următor/următoare - following
urmează, se ține după - follows
ușă - door
uși - doors
ușor, cu ușurință, lumină - gently, slightly, easily, light
vacanță - vacation
vaccinuri - vaccinations
valiză, bagaj - suitcase
valize - suitcases
valoros, de preț - valuable
vândut - sold
vânzătoare - saleswoman
vânzător - salesman
vară - summer
văzut - saw
vechi, antic - ancient
vecin - neighbor
vede - sees
venind - coming
verb auxiliar de viitor, voință - will
vesel, bucuros - merrily
viață - life
vină - fault
vine - comes
vineri - Friday
vinovat - guilty
vis - dream
visând, să viseze - dreaming
viteză - speed
vitrină, dulap - cabinets
vizitează - (is) visiting
voce - voice
voi, vei, va, vom, veți, vor - shall
voios, voioasă, voioși, voioase - cheerful
vorbește - (is) talking
vorbește - speaks, talks
vorbise - spoke
vrea - wants
vreme - weather
vreodată, niciodată (în propoziții negative) - ever
weekend, sfârșit de săptămână - weekend

zâmbeşte - smiles
zboară - flies
zbor - flight
zdrobit, prăbuşit - crashed
zece - ten
zeu - god
Zeus - Zeus
zgardă, guler - collar

zgomot - noise
zi - day
zi de naştere - birthday
ziar - newspaper
zile - days
zis, spus - said
zori - daybreak

# English-Romanian dictionary

a - o/un
a lot - mult
a year ago - acum un an, cu un an în urmă
about - despre
absolutely - absolut, complet, perfect
accidentally - accidental, din greşeală
accompanies - însoţeşte
according - conform
account - cont
accurate - exact, corect
acquaintance - cunoştinţă, amic
action film - film de acţiune
active - activ, plin de viaţă
address - adresă
addresses - se adresează
admires - admiră
admit - a recunoaşte
adventures - aventuri
advise - a sfătui
after - după
afternoon - după amiază
afterwards - după aceea
again - din nou
against - împotriva
agrees - este de acord, aprobă
ajar - întredeschis
alive - în viaţă, viu
all - tot/toată/toţi/toate
almost - aproape
alone - singur/ă
already - deja
also - şi, de asemenea
alternative - alternativă
although - deşi, totuşi
always - mereu, întotdeauna
am - sunt
amazement - uimire (in amazement - de uimire)
amazing - uimitor
an - un, o
ancient - vechi, antic
and - şi

anger - mânie, furie, nervi
angrily - nervos
angry - furios, nervos
animal - animal
Ann's - Annei, acasă la Ann
another - alt, altul/altă, alta
answer - răspuns; answers - răspunsuri
any - orice
anybody - oricine
anymore - nu mai
anything - orice
anyway - oricum
anywhere - oriunde
apart - separat, la distanţă (rip apart - a rupe, a sfâşia)
apartment - apartament
apologize - a-şi cere scuze
appear - a apărea
appearance - aspect, înfăţişare
appears - apare, se vede
appetizing - apetisant
apple - măr
apply - a se înscrie, a aplica
approach - a se apropia
approaches - se apropie
aquarium - acvariu
architect - arhitect
are - sunt
aren't - nu sunt
armchair - fotoliu
arms - braţe
army - armată
around - aproape, în jur de
arrival - sosire
arrive - a ajunge
art - artă
articles - articole
artist - artist
as - de parcă
Asian - asiatic
ask - a întreba; asks - întreabă
asleep - adormit, a adormi

assignment - subiect, temă, sarcină
astonishment - uimire, mirare
at - la
at last - în cele din urmă, în sfârşit
at once - dintr-o dată
attached - ataşat
attacks - atacă
attend - a participa
attentively - cu atenţie
aunt - mătuşă
author - autor
autumn - toamnă
away - departe, plecat
awful - îngrozitor
awfully - îngrozitor
back - înapoi
bad - rău
badly - prost, rău
bag - geantă, bagaj
baggage - bagaj
bake - a coace
baking - să coacă
ball - minge
barbarian - sălbatic, barbar
bark - a lătra
barked - a lătrat
barking - lătrând, să latre
barks - latră
baskets - coşuri
be - a fi
be afraid - a se teme
be glad - a fi bucuros, a se bucura, a fi
  fericit/ă
be lucky - a avea noroc, a fi norocos
beautiful - frumos
beauty - frumuseţe
became - a devenit
because - pentru că
bed - pat
been - a fost
before - înainte
began - a început
beginning - început, începând
begins - începe

behaves - se poartă, se comportă
behind - în spate
beige - bej
believes - crede, are impresia, bănuieşte
belongs - aparţine
bench - bancă
bends - (se) îndoaie
besides - în plus,
best - cel mai bun/bine
better - mai bine
Bible - Biblie
big - mare
biggest - cel/cea mai mare
bill - factură
birds - păsări
birthday - zi de naştere
bit - a muşcat
bite - a muşca
black - negru
blossom - a înflori
blushing - roşind
bonuses - bonusuri
booking - rezervare
books - cărţi
bought - cumpărat
bows - se apleacă
boys - băieţi
branch - ramură
branches - ramuri
brave - curajos
bread - pâine
break - a rupe
bright - strălucitor, luminos
brings - aduce
brother - frate
brought - adus
bucket - găleată
builder's - ingineresc, al constructorului
builders - constructori
building - clădire, construcţie
building firm - firmă de construcţii
buildings - clădiri
bunch - grămadă
burns - arde

bus - autobuz
busy - ocupat
but - dar
buy - a cumpăra
buys - cumpără
by - de către
bye - pa, la revedere
cabinets - vitrină, dulap
café - cafenea
cage - cușcă
cake - tort
call - a chema
called - numit
calling - chemând, strigând, sunând
calls - cheamă
calm - calm, liniștit
calmly - calm, cu seninătate
can - a putea
can't - nu pot
candy - bomboană, acadea
cannot - a nu se putea
capable - capabil
capital - capitală
capricious - capricios
car - mașină
care - a-i păsa
careful - cu grijă, atent
carefully - cu atenție, cu grijă
carpet - carpetă, covor
carries - duce, cară, poartă
carry - a duce, a căra, a purta
carrying - cărând, purtând
case - caz
cash - bani
cash register - casă, casierie
cat - pisică
cat's - al/a/ai /ale pisicii/motanului
catches - prinde
caterpillar - omidă
cathedral - catedrală
caught - prins
caution - precauție, atenție
ceiling - tavan
celebration - sărbătoare, aniversare

centimeters - centimetri
centre - centru
certainly - în mod cert, sigur
chain - lanț
chair - scaun
change - a modifica, a schimba
chap - prieten
charge - a încărca, a taxa
charity - caritate
charmed - încântat, fermecat
charming - încântător, fermecător
chases - urmărește
chat - conversație, discuți
cheat - a trișa
check - a verifica
cheerful - voios, voioasă, voioși, voioase
cheerfully - cu veselie, vesel
cheese - brânză
cheetah - ghepard
chef - bucătar
chicken - pui
chief - șef, superior
child - copil
children - copii
chill - fior, tremurat
chooses - alege
chores - treburi (de-ale casei)
Christmas - Crăciun
cigarette - țigară
cinema - cinema
cinema hall - cinematograf
circumstances - circumstanțe, situații
city - oraș
class - oră, clasă
classes - cursuri
classroom - sală de clasă
clean - curat
cleanliness - curățenie
clear - clar
client - client
climbs - se urcă, se cațără
close - a închide
closely - de aproape
clothes - haine

coffee - cafea
coincides - coincide
cold - rece
coldly - rece, cu răceală, indiferent
collar - zgardă, guler
colleagues - colegi
collects - strânge
college - facultate
colorful - colorat
come - a veni
comes - vine
comfortably - confortabil
coming - venind
common - comun, obișnuit
common sense - judecată, bun-simț
company - companie
compartment - compartiment
competent - competent
completely - complet
complicated - complicat
compliment - compliment
composes - compune
composition - compoziție, conținut
computer - calculator
concept - idee, concept
concludes - încheie, concluzionează
confession - declarație, mărturisire
confirmed - confirmat
confused - confuz
confusion - confuzie
connection - conexiune, legătură
considers - se gândește, consideră
construction company - companie de
    construcții
contentedly - mulțumit, cu mulțumire
continued - a continuat
continues - continuă
contrast - contrast
convenience store - alimentară
conversation - conversație
convinces - convinge
convincing - convingător
cooking - să gătească
cooks - gătește, pregătește

copied - copiat
cord - cablu
corner - colț
correct - corect
correctly - corect
cost - a costa, preț
couch - canapea
could - ar putea
country - țară
courier - curier
court - curte
crashed - zdrobit, prăbușit
crawling - să se târască
cream - frișcă, cremă
cries - țipă, strigă, plânge
crocodile - crocodil
crosses - face cruce
cry - a plânge
cuisine - bucătărie (feluri de mâncare
    specifice)
culinary - culinar
cup - ceașcă
curious - curios
customs - obiceiuri
cut - a tăia
cutting the line - a nu-ți aștepta rândul
dad - tata
daddy - tati
dangerous - periculos
daring - îndrăzneț (daring guess - încercare
    îndrăzneață)
dark - întuneric
darling - drag/ă
daughter - fiică
day - zi
daybreak - zori
days - zile
dear - drag/ă
decided - decis
decides - decide
decorations - decorațiuni
deep - profund, adânc
defect - defect
definitely - cu siguranță

deletes - şterge
delicacy - delicatesă
delicious - delicios
delivery service - serviciu de livrări
demanding - autoritar
demands - cere, pretinde
dental surgery - chirurgie dentară
dentist - dentist
departing - care se îndepărtează,
    îndepărtându-se
department - departament
departs - pleacă
deputy - reprezentant, deputat, adjunct
deserved - meritat
desk - birou, catedră, bancă (la şcoală)
despair - a dispera, disperare
detail - detaliu
detain - a reţine, a prinde
dials - formează un număr de telefon
did - făcut
didn't - nu + verb, forma de trecut
different - diferit
difficult - dificil, greu
difficulty - dificultate, problemă
dinner - cină
direction - direcţie
directly - direct
director - director
dirty - murdar
disciplined - disciplinat
discontentedly - cu nemulţumire, cu reproş
discuss - a discuta
dish - fel de mâncare
dismiss - a concedia
dismissal - concediere
dispatchers - expeditori, dispecerat
dispute - dispută
distinctly - clar, distinct, limpede
do - a face
doctor - doctor, medic
documents - documente
does - face
doesn't - nu face
dog - câine; dog's - al/a/ai/ale câinelui

doghouse - cuşcă (de câine)
doll - păpuşă; doll's - al/a/ai/ale păpuşii
dollars - dolari
don't - nu (+verb)
don't worry - nu îţi face griji
done - făcut, gata
door - uşă
doorbell - sonerie
doors - uşi
dorms - cămine studenţeşti
doubt - îndoială
down - jos
drawer - sertar
dream - vis
dreaming - visând, să viseze
drink - a bea
drinks - bea
driver - şofer
drives - conduce
drop by - a vizita, a trece pe la, a opri la
drops - scapă
during - în timp ce
dust - praf
each - fiecare
earlier - mai devreme
early - devreme
earn - a câştiga
easier - mai uşor
easily - uşor, cu uşurinţă
easy - simplu, natural
eat - a mânca
eating - să mănânce
eight - opt
eight-year-old - în vârstă de opt ani
either ... or - fie..., fie...
elderly - în vârstă
electric - electric
electronics - aparate electronice
elevator - lift
eliminate - a elimina, a înlătura
e-mail - e-mail
embarrassment - ruşine, stânjeneală
emotionally - cu pasiune
employee - angajat

end - capăt, sfârşit
ended - sfârşit, terminat
endless - nesfârşit
engine - motor
English - engleză
enjoy - a se bucura (de ceva)
enough - destul, suficient
enters - intră
enthusiastically - cu entuziasm
entire - întreg
envelope - plic
environment - mediu înconjurător
especially - în special, mai ales
essays - eseuri
eternity - eternitate, veci
even - chiar
evening - seară
ever - vreodată, niciodată (în propoziţii negative)
every - fiecare
everybody - toţi, toată lumea
everyone - toată lumea, toţi, toate
everything - tot
exactly - exact, tocmai
exam - examen
examining - examinând, analizând
excellent - excelent
exchange - schimb
excitedly - cu entuziasm
excrements - excremente
Excuse me - Scuzaţi-mă
executioner's - călăului
exercise - exerciţiu
exhibition - expoziţie
exit - ieşire
exotic - exotic
expect - a (se) aştepta
expensive - scump
experience - experienţă
explains - explică
explanation - explicaţie
explosion - explozie
expression - expresie
eyes - ochi

face - chip, faţă
fact - fapt, adevăr
fainted - leşinat
faints - leşină
fall - a cădea
family - familie
famous - faimos, celebru
fans - fani
far - departe
fat - gras
father - tată
fatter - mai gras
faucet - robinet
fault - vină
favorite - favorit, preferat
fear - teamă, frică
feed - a hrăni
feel - a simţi
feelings - sentimente
feels - (se) simte, (i se) pare
feels sorry - îi pare rău
fell in love - s-a îndrăgostit
fence - gard
festive - festiv/ă
few - puţin/ă, puţini/e
field - domeniu
fifteen - cincisprezece
fifth - a cincea
figures - figuri, chipuri
file - fişier
film - film
finally - în cele din urmă, în final, în sfârşit
find - a găsi
fine - bun, frumos
fine print - scris mărunt
finger - deget
finishes - încheie, termină
fire - foc
fired - concediat
fireworks - artificii
firm - firmă
first - la început, primul, mai întâi
fish - peşte
fishing - pescuit

fit - a se potrivi, a încăpea
five - cinci
fix - a repara
flatter - a flata
flies - zboară
flight - zbor
flip - a răsfoi
flood - inundație
floor - podea
flowerbed - strat de flori
flowers - flori
fly - a zbura
foil - folie
following - următor/următoare
follows - urmează, se ține după
food - mâncare
foot - picior
for - pentru
(for) drinking - de băut
(for) running - pentru alergat
forest - pădure
forgets - uită
forgive - a ierta
forgiven - iertat
forgot - a uitat; forgotten - uitat
fork - furculiță
form - formular
former - fost, anterior
forty - patruzeci
forum - forum
found - găsit
four - patru
fourth - a patra
frailness - fragilitate
Friday - vineri
fridge - frigider
friend - prieten; friends - prieteni
frightened - speriat, înspăimântat
from - din, de la
frown - expresie încruntată
fruits - fructe
fry - a prăji
full - plin
funny - amuzant, haios

furious - furios
furiously - furios
further - mai departe
game - joc
garbage - gunoi
garden - grădină
gate - poartă
gather - a aduna
gaze - privire, a privi îndelung, a se uita
gently - ușor
get a good night's sleep - a dormi bine, a se
    odihni
get up - a se ridica
(get) acquainted - (a face) cunoștință (cu)
gets off - se dă jos, coboară
gets scared - se sperie
gifts - cadouri
girl - fată
give - a da, a oferi
given - dat
gives - dă, oferă
glad - bucuros/bucuroasă
gladly - bucuros, cu bucurie
glances - priviri
glancing - aruncând o privire
glue - lipici, adeziv
gluing - lipire
go - a se duce, a merge
god - zeu
goes - se duce
going on - se petrece, se întâmplă
goldfish - peștișor auriu
gone - plecat, dispărut
good - bun, bună, bine
got - primit, devenit
gotten - primit
grabs - apucă, prinde
grade - clasă
grease - a unge, grăsime
great - grozav
Greece - Grecia
greets - întâmpină, salută
grow - a crește
growl - a mârâi

growls - mârâie

grows - creşte

guard - paznic, gardian, a sta de pază/de garda

guess - a ghici, a presupune

guest - oaspete

guilty - vinovat

guy - tip, băiat

had - avut

hair - păr

half - jumătate

hamster - hamster

hands - mâini

hang - a atârna

hangs up - închide telefonul

happened - s-a întâmplat

happily - bucuros, fericit

happy - fericit

harshly - dur

has - are (sau verb auxiliar)

have - a avea

he - el

head - cap

healthy - sănătos

hear - a auzi

heard - auzit

hears - aude

heavy - greu

Hebrew - ebraică

hello - bună, salut

help - ajutor, a ajuta

helps - ajută

her - pe ea, al/a/ai/ale ei

here - aici

herself - ea însăşi

hesitantly - cu sfială, cu ezitare

hi - bună, salut

highest - cea/cel mai mare

him - pe el, lui

himself - el însuşi

hint - indiciu

hire - a angaja

his - al/a/ai/ale lui

history - istorie

hits - loveşte

hold - a ţine; holds - ţine

home - acasă

homeless - fără casă, fără stăpân, vagabond

hometown - oraş natal

homework - temă de casă

honestly - sincer

hope - a spera, speranţă

hospital - spital

hotel - hotel

hours - ore

house - casă

household - casă, gospodărie, familie

how - cum

however - cu toate acestea, oricum, totuşi

huge - uriaş

hugs - îmbrăţişează

human - uman, om

hundred - sută

hurricane - uragan

hurry - a (se) grăbi, grabă

hurt - a suferi, a face rău

husband - soţ

I - eu

I'd - eu aş

I'll - eu voi ( +verb)

I'm - eu sunt

if - dacă

ill - bolnav/ă

immediately - imediat

important - important

impress - a impresiona

impressed - impresionat

impressions - impresii

improve - a îmbunătăţi

impudence - neruşinare, impertinenţă

in - în

in front of - în faţa

incomprehensible - incomprehensibil, de neînţeles

incorrect - incorect, fals

incredibly - incredibil

indifferent - indiferent

influence - influenţă, a influenţa

inner - lăuntric, interior
inquires - întreabă
inscription - inscripție, etichetă
inside - înăuntru
install - a monta, a instala
instead - în loc să/de, în schimb
intellect - inteligență, intelect
intelligence - inteligență
interest - interes, curiozitate
interested - interesat
interesting - interesant
Internet - Internet
interrupts - întrerupe
intersection - intersecție
into - în
introduces - prezintă
invents - inventează
invites - invită
iron - fier (de călcat)
is - este
(is) asking - întreabă
(is) being repaired - este la reparat
(is) breathing - respiră
(is) cleaning - se curăță
(is) crying - țipă, plânge, strigă
(is) doing - face
(is) driving - conduce
(is) getting - devine
(is) giving - oferă, dă
(is) hanging - atârnă
(is) holding - ține
(is) listening - ascultă
(is) looking - privește
(is) lying - stă întins/ă, zace
(is) missing - lipsește
(is) petting - mângâie
(is) preparing - pregătește
(is) reading - citește
(is) shining - strălucește
(is) singing - cântă
(is) sitting - stă, șede
(is) sleeping - doarme
(is) snowing - ninge
(is) talking - vorbește

(is) telling - spune
(is) traveling - călătorește
(is) trying - încearcă
(is) visiting - vizitează
(is) waiting - așteaptă
(is) walking - merge, plimbă
(is) watching - privește
isn't - nu este
issue - ediție
it - el/ea (neutru, [-uman])
it's - este
it's a pity - e păcat
its - al, a, ai, ale lui/ei
itself - însuși, însăși
jaw - maxilar
Jerusalem - Ierusalim
job - slujbă, loc de muncă
jogging - alergare
joining - a intra, a se alătura, a se înrola
joke - glumă
journalism - jurnalism
joyfully - bucuros, cu bucurie
judge - judecător
juice - suc
July - iulie
jumps - sare
jurisprudence - jurisprudență
just - doar, abia, numai
justice - dreptate, justiție
keeps - continuă
kill - a ucide
kilogram - kilogram
kind - blând, bun, simpatic
kindergarten - grădiniță
king - rege
kisses - sărută
kitchen - bucătărie
knew - știa
know - a ști
knowing - știind, cunoscând
knowledge - cunoștințe
knows - știe
landscape - peisaj
language - limbă

laptop - laptop
late - târziu
lately - în ultima vreme, recent
later - mai târziu
laugh - a râde
laughing - râzând, să râdă
laughs - râde
laws - legi
lazy - leneş
leads - conduce
learned - învăţat
leash - lesă
leather - piele
leave - a pleca
lectures - cursuri
left - rămas
legs - picioare
length - lungime
lesson - lecţie
let - a lăsa, a permite
letter - scrisoare
level - nivel
library - bibliotecă
lid - capac
lies - stă întins
life - viaţă
light - uşor, lumină
like - a plăcea, precum, ca
likes - îi place
listens - ascultă
literature - literatură
little - mic/mică, puţin
lives - locuieşte
living - locuind
loading - încărcând, să încarce
loads - încarcă
loaf - pâine, franzelă
local - local
lock - a încuia
log out - a ieşi din cont
long - lung
look - a privi, a se uita
looks - arată
lose - a pierde

loss - pierdere
lost - pierdut, rătăcit
loudest - cel mai tare
loudly - tare, zgomotos, copios
love - dragoste, iubire
loves - îi place, iubeşte
low - mic/ă, scăzut/ă
lower - mai jos
lowermost - cel mai de jos
luck - noroc, succes
luggage - bagaj
lunch - prânz
Madam - doamnă
magazines - reviste
magnificent - superb, magnific
main - principal, important
man - bărbat
manager - administrator, manager
manages - se descurcă, reuşeşte
market - piaţă
marks - note
married - căsătorit/ă
marry - a se căsători
Mars - Marte
masks - măşti
masterpiece - capodoperă
mating - împerechere
matter - problemă, chestiune
may - s-ar putea, e posibil
maybe - poate
me - pe mine, mie
meal - masă
mean - a avea de gând, a intenţiona, a se referi (if you mean to say - dacă vrei să spui)
meaning - înţeles
means - intenţionează (what he means - ce vrea să spună)
meanwhile - între timp
medical - medical
medieval - medieval
medium-sized - mărime medie, mijlociu
meet - a întâlni
meeting - întâlnire

members - membri
menu - meniu
meows - miaună
merrily - vesel, bucuros
message - mesaj
met - a întâlnit
metal - metal
meters - metri
mice - şoareci
middle - mijloc
millions - milioane
mind - minte, cap
minutes - minute
mirror - oglindă
misses - lipseşte
mistake - greşeală
mister - domn
mixed up - încurcat, amestecat
modern - modern
modest - modest
mom - mamă
moment - moment, clipă
money - bani
month - lună
mood - dispoziţie, stare de spirit
mop - mop
more - mai mult
more strictly - mai strict
moreover - (ba) mai mult
morning - dimineaţă
most famous - cel mai faimos, cel mai
    cunoscut
most interesting - cel mai interesant
mother - mamă
mountain - munte
mouse - şoarece
mouth - gură
move - a (se) mişca
movie - film
much - mult
museum - muzeu
mushroom - ciupercă
music - muzică
must - trebuie

my - a mea, al meu
myself - eu însumi/însămi
name - nume
named - numit
nanny - bonă
national - naţional
near - aproape, lângă
nearby - aproape, în apropiere
nearest - cel mai aproape/apropiat
need - nevoie, a fi/avea nevoie
needs - îi trebuie
neighbor - vecin
neighboring - din apropiere, din vecinătate
nervous - agitat, emoţionat
never - niciodată
nevertheless - chiar şi aşa, totuşi, cu toate
    acestea
new - nou/ă, noi
news - ştiri
newspaper - ziar
next to - lângă
nickname - poreclă
night - noapte
no - nu
nobody - nimeni
nods - dă din cap afirmativ, aprobă din cap
noise - zgomot
noon - prânz
north - nord
not - nu
note - notă, bilet
notebooks - caiete
nothing - nimic
notices - observă
now - acum
number - număr
obedient - ascultător
objects - obiecte
obligatory - obligatoriu
obvious - evident
of course - desigur
offer - a oferi
office - birou
often - des, adesea

OK - bine, OK
okay - OK, bine
old - bătrân, vechi
oldest - cel mai mare (ca vârstă)
omelette - omletă
on business - cu afaceri
one - unul
only - doar
ooh - ah
Opel - Opel
open - deschis/ă
opinion - părere, opinie
option - opțiune
or - sau
ordinary - obișnuit, de toate zilele
organization - organizație
other - alt, altă
our - a noastră, al nostru, ai noștri, ale
   noastre
out - afară
outraged - indignat, furios
outside - afară
outward - exterior
oven - cuptor
over - peste
overcome - a depăși, a înfrânge
overtakes - depășește
own - a deține, propriul/propria
owner - proprietar; owners - proprietarii
pack - a împacheta
package - pachet
packet - pachet
paid a compliment - a făcut un compliment
painting - pictură, să picteze
pale - palid
papers - hârtii, documente
parents - părinți
park - parc
pass - a trece
passes - trece
passion - emoție, pasiune
past - pe lângă, dincolo de
patiently - cu răbdare, răbdător
paw - lăbuță

pay attention - a fi atent
pays a visit - face o vizită
peace - pace
people - oameni
perfectly - perfect
perhaps - poate
period - perioadă
person - persoană
pet - animal de casă/companie
pets - animale de companie
phone - telefon, a telefona
phones - dă telefon
photos - poze
phrase - expresie
pick - a culege, a alege
picnic - picnic
picture - poză, tablou
pile - teanc
place - loc
plane - avion
plastic - plastic
plate - farfurie, platou
platform - peron, platformă
play - a se juca
playing - joacă
plays - se joacă
please - te rog
pleasure - plăcere
plug - a băga în priză
poems - poezii
poetry - poezie
point - părere, punct, moment
points - a indica a arăta cu degetul
policeman - polițist
politely - politicos
poor - sărac
poorly - prost (you do something poorly -
   nu știi/nu te pricepi să faci ceva)
porcelain - porțelan
possible - posibil
post - a afișa
postcards - cărți poștale, vederi
praise - laudă, a lăuda
prank - farsă, glumă

pray - a se ruga
prepare - a se pregăti
present - cadou, prezent
presses - apasă
pretty - drăguț
print - scris, tipar
probably - probabil
probation period - perioadă de probă
problem - problemă
professional - profesionist
professor - profesor
profile - profil
proud - mândru
proudly - mândru, cu mândrie
prove - a demonstra
public - public
pulls - trage
purchases - cumpărături
purring - torcând
pushing - împingând, să împingă
put - a pune
questions - întrebări
quickly - repede
quiet - liniște
quietly - încet, fără zgomot
quite - destul de
quiz - test cu întrebări
radio - radio
random - aleatoriu, la întâmplare
rare - rar
rarely - rar
rats - șobolani, rozătoare
reach - a ajunge la, a se întinde spre
react - a reacționa
reads - citește
ready - gata, pregătit
real - adevărat, real
realizes - își dă seama, realizează
really - chiar
recalls - își amintește
receive - a primi
recently - recent
recipe - rețetă
recognize - a recunoaște

recommends - recomandă
red - roșu
refuses - refuză
relative - rudă
remain - a rămâne
remember - a-și aminti
remind - a aminti
repeats - repetă
replies - răspunde
required - cerut, necesar
rescuer - erou, salvator
resolve - a rezolva
rest - a se odihni, odihnă, pauză
restaurant - restaurant
restless - neliniștit
retells - repovestește
returns - (se) întoarce
revenge - răzbunare
revive - a readuce la viață
right here - chiar aici
ringing - să sune
rings - sună
rips - rupe, sfâșie
risk - risc
river - râu
road - drum
Robert's - a lui Robert
romantic - romantic
room - cameră
rope - sfoară, frânghie
rubber - cauciuc
run - a fugi, a alerga
runs - aleargă
rushed - grăbit, sărit, repezit
sad - trist
sadly - din nefericire, cu tristețe
said - zis, spus
Saint - Sfânt
salary - salariu
salesman - vânzător
saleswoman - vânzătoare
same - același, aceeași, aceiași, aceleași
samples - mostre
satisfied - mulțumit, satisfăcut

sausage - cârnat
saved - salvat
saw - văzut
says - spune
scene - scenă
school - şcoală
schoolmate - coleg de şcoală
scissors - foarfecă
scolding - învinovăţire
scolds - ceartă, învinovăţeşte
scoundrel - ticălos
screen - ecran
sculpture - sculptură
sea - mare
seals - sigilează
seat - loc
second - al doilea/a doua
secretary - secretar/ă
secretly - pe ascuns, în secret
see - a vedea, a înţelege, a-şi da seama
seems - se pare
sees - vede
seldom - rar
sell - a vinde
send - trimite
sense - simţ
sensible - cu bun simţ
sent - trimis/ă
sentences - propoziţii
separated - separat
serious - serios
seriously - cu seriozitate
settles down - a se aşeza
seventy - şaptezeci
several - câteva, câţiva
shakes - scutură
shall - voi, vei, va, vom, veţi, vor
shaman - şaman
she - ea
sheet - foaie
shoes - pantofi
shop - magazin
short - scund, mic
should - ar trebui

shouting - să ţipe
shouts - strigă
shown - arătat
shows - arată
shy - timid
shyly - timid, cu timiditate
sick - bolnav/ă
side - parte
sighs - oftează
sights - privelişti, atracţii turistice
silent - liniştit, tăcut
silly - prostuţ, bleg
similar - asemănător, similar
simple - simplu
simply - pur şi simplu, în mod simplu, doar
since - de când
sing - a cânta
single - singur
sis - soră, surioară
sister - soră
sits - se aşază, stă, şede
situation - situaţie
six - şase
size - mărime, dimensiune
sleep - a dormi, somn; sleeps - doarme
sleepy - somnoros, adormit
slightly - uşor
slowly - încet, tiptil
sly - şiret, viclean
slyly - şiret, cu viclenie
small - mic
smart - deştept
smell - miros
smiles - zâmbeşte
smoke - fum
snack - gustare
so - deci
socket - priză
sold - vândut
solution - soluţie
some - unii/unele
somebody - cineva
someone - cineva
something - ceva

sometimes - câteodată, uneori
somewhere - undeva
son - fiu
soon - în curând
soul - suflet
sounds - sună
soup - supă
Spanish - spaniolă
spare time - timp liber
Sparta - Sparta
speak - a vorbi
speaks - vorbeşte
specialty - specialitate
speed - viteză
spend - a petrece, a cheltui
spending - să cheltuie
spends - petrece, cheltuie
spirit - spirit, esenţă
splashes - stropeşte
splattered - împroşcat, împrăştiat
spoil - a strica
spoke - vorbise
spot - a-şi da seama, a depista
spring - primăvară
stabs - înjunghie, înţeapă
stairs - scări
stands - se ridică în picioare
stares - priveşte lung, se holbează
starts - începe
station - staţie, gară
stay - a rămâne, a sta
stays - stă
stepped - păşit
sticking out - ieşind
still - încă, nemişcat
stolen - furat
stop - stop, a se opri
store - magazin
stories - poveşti
story - poveste
straight - direct
strain - tensiune, încordare
strange - ciudat

strangely - în mod ciudat, straniu,
    neobişnuit
street - stradă
stretch - a (se) întinde
strict - strict
strictly - cu stricteţe
strong - puternic
strongly - puternic
student - student/ă
studies - studii, cursuri
study - a studia, a învăţa
studying - să studieze
stupid - stupid, prost
style - stil
subject - materie, subiect
subway - metrou
succeeds - reuşeşte
successfully - cu succes, cu bine
such - aşa de, atât de
suddenly - dintr-o dată, brusc
suggests - sugerează, propune
suitable - potrivit
suitcase - valiză, bagaj
suitcases - valize
sum - sumă
summer - vară
sun - soare
sunbathing - bronzare
Sunday - duminică
supermarket - supermarket
supervising - supraveghere
supports - susţine, sprijină
supposes - presupune
sure - sigur, convins, desigur
surgery - operaţie
surprise - surpriză
surprised - surprins/ă, mirat/ă
sweets - dulciuri
swimming - înot
swimming pool - piscină, bazin de înot
swimsuit - costum de baie
switch off - a închide, a opri
symbol - simbol
table - masă

tablet - tabletă

tail - coadă

take - a lua

takes - ia

taking - luând

talent - talent

talk - discuţie

talks - vorbeşte

tall - înalt/ă

task - sarcină

taste - gust

tasty - gustos

taxi - taxi

taxi service - serviciu de taxi

tea - ceai

teacher - profesor

teaches - predă

telephone - telefon mobil

tells - spune

temper - temperament

temporary - temporar

ten - zece

tenth - al zecelea/a zecea

term - termen, semestru

terrible - teribil, groaznic

terribly - teribil

test - test

text - text

textbook - manual

than - decât, ca

thank - a mulţumi

that - că, acel/acea

that's - asta e

the - articol hotărât

their - al/a/ai/ale lor

them - ei

theme - temă

themselves - ei înşişi, ele înseşi

then - atunci

there - acolo

these - aceşti/a, aceste/a

they - ei, ele

thing - lucru, chestie

thinks - crede

third - al treilea/a treia

thirteen - treisprezece

this - acest/acesta, această/aceasta

those - acei/acele

though - deşi

thought - crezut

thoughtfully - gânditor, preocupat

thoughtlessly - fără a se gândi

thoughts - gânduri

thread - fir

three - trei; three o'clock - ora trei

threw - a aruncat

through - prin, pe

throw out - a arunca

ticket - bilet

tie - a lega

ties - leagă

tight - strâns

tightly - strâns

till - până

tilted - înclinat

time - timp, moment

tiptoe - pe vârfurile picioarelor, tiptil

tired - obosit

to - a (+verb), la

today - astăzi

together - împreună

told - spus

tomato - roşie, tomată

tomorrow - mâine

tone - ton, voce

too - de asemenea, şi

took - luat

tooth - dinte

toothache - durere de dinte/de măsea

top - deasupra, pe

top-notch - de primă clasă

tore - a rupt

tourniquet - garou

towards - înspre

towel - prosop

town - oraş

toys - jucării

traditions - tradiţii

train - tren
trained - antrenat, în formă
tram - tramvai
translate - a traduce
translation - traducere
transportation - transport
trash - gunoi
treats - tratează, vindecă
tree - copac
tries - încearcă
triumphs - triumfă
trucks - camioane
true - adevărat
trunk - portbagaj
truth - adevăr
try - a încerca
try hard - a încerca din greu, a se strădui
tube - tub
Tuesday - marți
tulips - lalele
tunnel - tunel
turns - întoarce
twenty - douăzeci
Twitter - Twitter
two - doi/două
unchecked - neverificat
uncivilized - necioplit, necivilizat
uncle - unchi
under - sub
understand - a înțelege, a-și da seama
understands - înțelege, își dă seama
understood - a înțeles, și-a dat seama
uneasy - neliniștit, stânjenit
unexpectedly - pe neașteptate, dintr-o dată
unfortunately - din nefericire
uniform - uniformă
university - universitate
unpleasant - neplăcut
unusual - neobișnuit
unusually - în mod neobișnuit
upset - supărat
urgently - urgent
us - noi, nouă
uses - folosește

using - folosind
usually - de obicei
vacation - vacanță
vaccinations - vaccinuri
valuable - valoros, de preț
various - divers
vegetables - legume
very - foarte
village - sat
visit - a vizita, vizită
voice - voce
wadding - umplutură, vată
wait - a aștepta
waiter - chelner, ospătar
wakes up - se trezește
walk - plimbare
walk the dog - a plimba câinele
want - a vrea
wants - vrea
warn - a avertiza
was - a fost/era
was) copying - copiam
washes - spală
wasn't - nu era
waste - a pierde, a irosi
watch - a păzi, a veghea, a privi
watches - privește
water - apă
way - modalitate, fel
we - noi
weather - vreme
Wednesday - miercuri
week - săptămână
weekend - weekend, sfârșit de săptămână
well - bine
well-fed - bine hrănit
went - a mers
were - erai, eram, erați, erau
what - ce
wheel - roată
when - când
where - unde
which - care
while - în timp ce

131

white - alb
who - cine
whole - întreg/întreagă, tot/toată
why - de ce
wide-eyed - surprins, cu ochi mari
widely - larg
wife - soție, nevastă
will - verb auxiliar de viitor, voință
window - fereastră, geam
wipe off - a șterge
wisest - cel mai înțelept/cea mai înțeleaptă
with - cu
without - fără
woman - femeie
wonder - minune, a se întreba
wonderful - minunat
wood - lemn
word - cuvânt
work - muncă
working - lucrând, muncind
workplace - loc de muncă
works - lucrează
worried - îngrijorat

worry - îngrijorare, griji, a se îngrijora
would - ar (+verb)
wrap - a înveli, a împacheta
writer - scriitor
writes - scrie
written - scris
wrote - a scris
yard - curte
year - an
years - ani
yellow - galben
yes - da
yesterday - ieri
yet - încă
you - tu, voi
you're - tu ești, voi sunteți
you're welcome - cu plăcere
young - tânăr/ă
younger - mai tânăr/ă, mai mic/ă
your - tău, ta, tăi, tale, vostru, voastră,
    voștri, voastre
Zeus - Zeus

\* \* \*

CPSIA information can be obtained
at www.ICGtesting.com
Printed in the USA
LVOW03s1932301215

468476LV00007B/386/P